LE RETOUR AU TERRITOIRE

Communication et Civilisation

Collection dirigée par Nicolas Pélissier

La collection *Communication et Civilisation*, créée en septembre 1996, s'est donné un double objectif. D'une part, promouvoir des recherches originales menées sur l'information et la communication en France, en publiant notamment les travaux de jeunes chercheurs dont les découvertes gagnent à connaître une diffusion plus large. D'autre part, valoriser les études portant sur l'internationalisation de la communication et ses interactions avec les cultures locales.

Information et communication sont ici envisagées dans leur acception la plus large, celle qui motive le statut d'interdiscipline des sciences qui les étudient. Que l'on se réfère à l'anthropologie, aux technosciences, à la philosophie ou à l'histoire, il s'agit de révéler la très grande diversité de l'approche communicationnelle des phénomènes humains.

Cependant, ni l'information, ni la communication ne doivent être envisagées comme des objets autonomes et autosuffisants.

Dernières parutions

Jean-François TETU, *Le récit médiatique et le temps, Accélérations, formes, ruptures,* 2018.

Alain KIYINDOU, Noble AKAM et Etienne DAMOME, *Objets connectés et développement intelligent*, 2018.

Docteure Nawel CHAOUNI, *Fans des séries télévisées sur les réseaux socionumériques (RSN)*, 2018.

Maud PÉLISSIER et Nicolas PÉLISSIER (dir.), *Métamorphoses numériques. Art, culture et communication*, 2017.

Nicolas OLIVERI, Manuel ESPINOSA, Christelle WATY-VIAROUGE, *La création de contenus au cœur de la stratégie de communication, Storytelling, brand content, inbound marketing,* 2017

Audrez ALVES et Marieke STEIN (dir.), *Les* mooks. *Espace de renouveau du journalisme littéraire*, 2017.

LE RETOUR AU TERRITOIRE

Communication et Civilisation

Collection dirigée par Nicolas Pélissier

La collection *Communication et Civilisation*, créée en septembre 1996, s'est donné un double objectif. D'une part, promouvoir des recherches originales menées sur l'information et la communication en France, en publiant notamment les travaux de jeunes chercheurs dont les découvertes gagnent à connaître une diffusion plus large. D'autre part, valoriser les études portant sur l'internationalisation de la communication et ses interactions avec les cultures locales.

Information et communication sont ici envisagées dans leur acception la plus large, celle qui motive le statut d'interdiscipline des sciences qui les étudient. Que l'on se réfère à l'anthropologie, aux technosciences, à la philosophie ou à l'histoire, il s'agit de révéler la très grande diversité de l'approche communicationnelle des phénomènes humains.

Cependant, ni l'information, ni la communication ne doivent être envisagées comme des objets autonomes et autosuffisants.

Dernières parutions

Jean-François TETU, *Le récit médiatique et le temps, Accélérations, formes, ruptures,* 2018.

Alain KIYINDOU, Noble AKAM et Etienne DAMOME, *Objets connectés et développement intelligent*, 2018.

Docteure Nawel CHAOUNI, *Fans des séries télévisées sur les réseaux socionumériques (RSN)*, 2018.

Maud PÉLISSIER et Nicolas PÉLISSIER (dir.), *Métamorphoses numériques. Art, culture et communication*, 2017.

Nicolas OLIVERI, Manuel ESPINOSA, Christelle WATY-VIAROUGE, *La création de contenus au cœur de la stratégie de communication, Storytelling, brand content, inbound marketing,* 2017

Audrez ALVES et Marieke STEIN (dir.), *Les* mooks. *Espace de renouveau du journalisme littéraire*, 2017.

Sous la direction
d'Anne-Marie Laulan

Le retour au territoire

L'identité à l'épreuve de la mondialisation

L'Harmattan

5-7, rue de l'École-Polytechnique, 75005 Paris

http://www.editions-harmattan.fr

ISBN : 978-2-343-15402-2
EAN : 9782343154022

Partie I : Le retour au sensible

Du numérique au territoire, une tension paradoxale

Anne Marie Laulan,
Sociologue (Université de Bordeaux
et ISCC du CNRS)

Rappel historique : 33 ans de combat pour le droit aux traces d'origine

La numérisation par les outils de communication a surgi de la sphère des opérateurs de télécommunication, en particulier de la très puissante Union des Télécommunications. Dès l'origine, il s'agit donc d'une percée technico-politique, dans le champ de la communication. On lui doit le terme, maintenant décrié, de « Société de l'information », malencontreusement repris par les organisateurs du Sommet mondial SMSI, en partenariat avec l'UNESCO en 1985. De ce fait les opérateurs techniques liés au marché et les représentants des 192 pays membres de cette institution spécialisée des Nations Unies furent, en duo, les porteurs de la volonté politique et industrielle de « numériser » les échanges au sein des sociétés humaines. Or à Genève, mais surtout à Tunis (1985), survint un tiers partenaire : la société civile, avec les ONG et une infinie diversité d'associations citoyennes. Bien organisés, les délégués obtiennent un espace dans la grande salle de conférence, un temps de parole officiel quotidien en séance plénière. Ce combat, dès l'origine décisif, illustre le paradoxe inhérent à la « numérisation » ; certes, elle raccourcit le temps de transmission, survole les obstacles géographiques, économise les frais de transports et de déplacement. Mais dans le même mouvement, elle dénie les éléments sensoriels, oblitère l'espace réel, gomme les diversités de langage ou de culture, élude les rapports au pouvoir.

Le paradoxe réside dans l'impossible pari de jouer en même temps sur les deux faces de toute activité humaine : l'appel vers l'autre ou l'ailleurs, d'une part, et l'ancrage, l'enracinement dans son identité culturelle et spatiale, d'autre part. Élan et repli sont antagonistes, en tout cas impossibles en simultanéité. Ce constat permet sans doute d'explorer ce que certains appellent les « échecs » ou « l'incommunication » ce que d'autres considèrent avec circonspection, pendant qu'un petit nombre d'élus et de militants vantent le caractère révolutionnaire de ce nouvel outil. Les prophètes vinrent principalement du nouveau continent (*cf* : Millerand F., Proulx S., Rueff J. (dir.), 2010), ce qui suggère d'emblée la dimension « culturelle » de l'interrogation posée par la Commission française pour l'UNESCO : *la société de l'information ?* Dès 2005. Les éditions du CNRS, sous la direction de Beatrice Galinon-Menelec viennent de publier le quatrième tome de la série intitulée « Traces » 2017 ; le chapitre de Bruno Ollivier, concerne directement notre interrogation qui demeure, plus que jamais, actuelle.

L'histoire des médias rappelle qu'à chaque époque surgit cette tension paradoxale entre le « daté et situé », donc singulier, et la tentation de l'universel/immédiat. L'apparition de l'imprimerie puis de la photographie, du disque (vinyle) inspirèrent des frayeurs similaires même si l'objet technique était différent. On retrouve au cours des siècles les mêmes craintes des tenants du « pouvoir de production » (les clercs, les peintres, les orchestres...), la panique des commerciaux à l'idée que d'autres pourraient occuper le champ, profiter du marché. Dans un autre domaine se pratique, immémorial, le contrôle de l'accès aux villes, par les dispositifs de « portes », de droit de péage, de bans (le bannissement, précurseur de l'interdiction de séjour moderne). Ces rapides rappels pour affirmer que toute culture délimite son territoire, définit ses codes d'accès, met en place des systèmes de contrôle. L'ouvrage *Murs et frontières* (Paquot T., Lussault M. (dir.), 2012) caractérise l'espace social humain, bien qu'il existe des équivalents dans nombre d'espèces animales. Jean de la Fontaine évoque le droit du premier occupant, Foucault décrit dans « Surveiller et punir » le rêve du panoptique, récurrent dans l'histoire des institutions, en particulier la gestion des déplacements, la géolocalisation (autrefois sous d'autres formes), bref l'ensemble des dispositifs qui relèvent du contrôle de l'espace physique et politique. Ce qui est en cours, actuellement aux portes de l'Europe, dans des sociétés le plus souvent tribales ou claniques, avec par exemple la puissance de l'armée, l'importance des contrôles policiers, rend illusoire l'apparente liberté de circulation ou d'accès à l'information ; la lutte contre le terrorisme, les craintes grandissantes concernant la cyber-sécurité, les Big Data... un nombre croissant de voix s'interrogent sur la régulation indispensable de ces outils techniques devenus « inhumains » quoique prônant le transhumanisme. En ce premier quart du XXIème siècle se multiplient les mises en garde, voire les mesures de protection contre l'internet et ses ravages : (Romain Badouard) : *le désenchantement de l'internet,* au titre de la désinformation, la rumeur et la propagande ; sans même évoquer les risques de la cybercriminalité.

Dans un registre tout à fait contemporain, notre interrogation rejoint celle de la communication politique actuelle. Sous ce titre éponyme, un *Essentiel* dirigé par Arnaud Mercier (2017) reprend les vieux constats en les réactualisant : (p. 35) « [...]*la parole politique est soumise à une nouvelle épreuve de désacralisation, subissant des procès en délégitimation par le biais de l'injure numérique, de la critique factuelle, de la confrontation aux actes[...] »* Il y a plusieurs années déjà Dominique Wolton soulignait que : *Informer n'est pas communiquer ;* ce thème est à nouveau explicité, en 2017, car « *les événements bouleversent souvent les hiérarchies et les réseaux sociaux accentuent une autre logique, celle, croissante de l'expression » p. 55.* Le renforcement de l'opinion publique, de la capacité pour la société civile à s'exprimer, à se faire entendre a pour effet d'accroître la distance entre l'expérience individuelle, de proximité, d'un territoire bien circonscrit et les sphères du politique et de l'économique. Citons ces paroles fortes : « *La mondialisation est d'ailleurs la caricature de cette distance croissante. L'individu est au centre du système politique, mais il est perdu dans le nombre et la taille des problèmes. Souverain et libre, il est en réalité seul et sans pouvoir ». P75*

La tension induite par le paradoxe

Le paradoxe engendre au cours des siècles la dissidence, des phénomènes de « résistance » aux dispositifs de contrôle, d'uniformisation ou d'alignement (Laulan A.-M., *La résistance aux systèmes d'information*, Paris, Retz-Nathan, 1985, consultable en ligne). À la différence notable avec les animaux, l'aspiration des hommes se porte vers un minimum de liberté individuelle, de gestion collective, mais égalitaire, dans un espace de débats et de négociations. Chaque époque voit s'opposer aux modèles dominants de contrôle (religieux, régalien, corporatif, territorial) des mouvements « insurrectionnels » ; les farces du Moyen Âge, contre la censure, les tracts et caricatures contre la presse officielle, la circulation clandestine avec ses passeurs, ses contrebandiers, les révoltes paysannes (les Jacqueries), industrielles (les Canuts de Lyon), et tout ce que l'histoire contemporaine relate, contre le nazisme, les génocides, dans l'actualité immédiate, les bouleversements en cours en nombre de pays, par exemple la Catalogne, le mouvement amazighe, les revendications territoriales en Corse...

N'est-il pas frappant de voir qu'à chaque épisode insurrectionnel est accolé un lieu ; la place Tahrir au Caire, lieu de rassemblement physique des opposants venus de tout le pays, tout comme la plaza del Sol à Madrid pour *los Indignados ;* la Bastille après les attentats du 11 novembre 2015 ; un lieu, chargé de culture et d'histoire semble indispensable au rassemblement, à la convergence, à la constitution communautaire. Le nom du lieu acquiert par la suite une signification symbolique (une connotation) qui devient métaphorique, comme *La Mecque, Jérusalem, Constantinople* ou plus anciennement *Athènes*. Le lien social s'inscrit donc toujours dans un lieu, inclut des relations physiques (manger, chanter, partager les abris de fortune, porter un signe de ralliement). L'étude des diasporas montre paradoxalement l'existence d'un espace *mental*, virtuel, propre à chaque communauté, et soigneusement préservé, alors que leur espace *géographique* de référence se trouve de l'autre côté des océans.

Il n'est sans doute pas inutile de rappeler qu'au temps des essais du visiophone (téléphone doublé d'une caméra), à Biarritz dans les années 1970, les personnes en charge d'expérimenter l'outil proposaient de se retrouver au bistrot du coin, lorsqu'un échange durable était en vue. Et chacun sait que les « affinités » sur Meetic ne résistent guère à la rencontre réelle, quand on ne peut plus rêver !

Vivre ensemble…

La gestion de l'habitat urbain pose de nos jours des problèmes accrus. Comment gérer les grandes villes, dans l'intérêt général sur fond de différences légales ? Comment partager l'espace sans recourir à la ghettoïsation de certains quartiers ? Comment assurer la libre circulation, en ces temps de terrorisme et de violences urbaines ? La prolifération, à Londres, des caméras de surveillance dépasse toutes les prédictions de George Orwell, quand notre territoire français s'enrichit de radars invisibles au citoyen. Les atteintes à la liberté d'expression, de circulation se multiplient, au nom de la gouvernance urbaine puis « nationale » dans la France jacobine. La réforme des collectivités territoriales, en cours de discussion, entraîne la suppression des départements, grâce aux regroupements des anciens pays (unités d'habitat paysager, bassins d'emploi, partage de culture et fêtes locales). Ces regroupements balaient les histoires particulières séculaires, ignorent les réalités géographiques, se définissent à partir des nouvelles lignes ferroviaires et autoroutières et d'un nombre « idéal » de populations. Les lieux, dans leur singularité, les habitants, dans leurs coutumes, sont déniés, réduits à des masses comptables ou démographiques, comme les aiment les calculs numériques. Les élus (maires, conseillers) voient leur fonction disparaître : le contact direct, l'échange, la réclamation deviennent impossibles : il faudra « *taper 1, puis 7, terminer par dièse* » pour, avec une grille préétablie, annoncer au service social la détresse de telle famille voisine ou la présence d'un malfaiteur. Quel lecteur n'a été pris de « fureur » à ne pouvoir exposer son problème personnel, les cases proposées n'ayant pas prévu ce cas particulier ? Les entreprises de télécommunication ont, les premières, donné le fâcheux exemple de mise à distance du client/utilisateur, puisqu'aucune demande d'information n'est possible par écrit, qu'il faut « patienter » de longues heures, en payant, pour appeler le service téléphonique, et que les messages émis par le service client (si mal nommé !) s'appellent « *no reply* ». On peut comprendre le souci de réduction des coûts de personnel, la protection des guichetiers face aux clients coléreux. Mais désormais les bureaux de Poste, aseptisés, numérisés, ôtent aux usagers toute envie de s'y rendre. L'ordinateur fera bientôt l'affaire, comme à la SNCF. Les dispositifs mis progressivement en place, dans le service public, résultent d'une mentalité « d'ingénieurs » selon laquelle la mise en place des réseaux (ou des câbles, ou des connexions) est la condition nécessaire (OUI), mais suffisante (NON) pour que s'établisse un échange avec apport réciproque. Il semble, pour faire court, que l'offre fasse fi de la demande, que la fourniture et l'accès matériel à l'information donnent l'illusion d'une automatique appropriation par les utilisateurs. C'est méconnaître la complexité du partage des savoirs, de l'implication dynamique, c'est ravaler les utilisateurs (destinataires) au rang de « récepteurs passifs», les condamner à ne pas être acteurs à part entière. Cette erreur de « communication » était fréquente dans l'euphorie techniciste des années 70, avec les innovations en TIC ; mais les sanctions économiques, les échecs commerciaux ont rapidement rappelé que les citoyens, le public sont maîtres du processus, au final (par exemple, sous la plume du physicien A. Moles, *Sociodynamique de la culture,* Paris, Mouton et Cie, 1967, où les individus sont décrits comme autant d'atomes isolés, soumis aux différentes étapes des processus et ressources informationnels). Qu'en est-il de nos jours ?

Les leçons du temps

L'histoire des médias, en termes de communication de l'information, évite de reproduire les erreurs du passé. Vers les années 1960 s'élevaient des critiques contre la « communication de masse », l'aliénation qui en découlait. Rapidement, les pertes d'audience sont venues pénaliser ces erreurs. Ce fut alors l'explosion de la vidéo, puis celle des radios libres à l'unisson de la décennie soixante-huit, commencée en Californie, reprise en Amérique latine (sous dictatures) pour rebondir dans toute l'Europe, aboutissant enfin à la chute du Mur de Berlin. Comment comprendre le fait qu'il y ait davantage d'utilisateurs de téléphone portable que d'abonnés au « fixe », sinon comme un besoin fondamental d'être connectés, mais pas prisonnier ni d'un lieu ni d'un protocole ? Le cas de la radio est encore plus exemplaire, puisque cette très vieille dame, plus que centenaire, demeure le média le plus « jeune », le plus utilisé, en bien des continents, particulièrement en Afrique et Amérique latine (*Hermes* Laulan A.-M., Perriault J. (dir.), 2007). Une étude norvégienne vient balayer une interprétation réductrice qui relierait ce triomphe au climat ou à la tradition d'oralité. Dans la pyramide des multiples contextes de la radio (Vagle W., Novembre 2011), dans le temps et dans l'espace, l'étude ne dénombre pas moins de sept étages, allant du naturel au géographique, puis passant par les structures institutionnelles, le contexte culturel spécifique, les caractères de la personne, et enfin le contexte événementiel de l'actualité immédiate. Autrement dit, la radio, plus que tout autre média, s'enracine dans un temps et un lieu précis, grâce à l'interactivité elle favorise l'identification, l'implication, le militantisme. Voici déjà trente ans que l'on constate que : « la radio mobilise, la télévision démobilise ». Une étude récente (Damome Etienne à paraître) relate la toute-puissance sociétale, économique, des radios communautaires en Afrique. Dans cette puissance communicationnelle de la radio, signalons l'importance de la voix, celle du son, éléments sensoriels favorisant la fusion (rôle de la musique plus encore) alors que la vision contribue à « dis-cerner », séparer. Quant à l'écrit, abstrait par nature, rappelons que tous les amoureux enjolivent leurs mots par des dessins, des parfums, du papier de couleur. Les enluminures médiévales ne s'employaient-elles pas, en leur temps, à « réchauffer » la froideur textuelle par la splendeur du support, l'envoûtement des arabesques ?

Un autre exemple de communication réussie est celui des réseaux socio-numériques utilisés désormais dans les entreprises et en politique ; le besoin d'expression, le désir d'évasion expliquent l'engouement des jeunes pour Facebook ou Twitter. Mais les études révèlent que les échanges effectifs (dûment comptabilisés pour la rentabilité !) se produisent dans une dimension géographique régionale, même pas nationale (Voir Livingstone S., Mascheroni G., Murru M. F.) (Et Coutant A., Stenger T. (dir.), 2010). S'agissant du monde adulte, dans les entreprises, les critères de productivité et de rentabilité concernent même les responsables du management, soumis à des règles comptables. Or les études récentes font état du recours croissant à ces réseaux professionnels, en interne (remplaçant l'intranet, car plus maniable). Selon une étude de Global Forum, ils facilitent la co-production, le partage d'expertises, la veille concurrentielle, la relation avec les clients, et même la co-innovation. Sur le strict plan comptable (rapport coût/bénéfices), l'entreprise réalise des économies en publicité et marketing, car le réseau assure les « recommandations » spontanément.

Les bénéfices à long terme, outre l'implication et le dynamisme accrus, concernent particulièrement l'effervescence de l'innovation, un accès plus aisé aux décideurs (par la voie indirecte du ouï-dire), l'accès « naturel » aux experts internes. À titre personnel, je serais tentée d'ajouter que l'entreprise (re)-devient alors une affaire de famille, quand tous les salariés se sentent en relation « d'amitié » (*cf* Laulan A.M. (Dir) : *La coopération à l'ère du numérique »,* 2017*)*

D'autres travaux, à niveau international cette fois, et sur trois continents, permettent de rendre visibles « *Les nouveaux espaces de partage des savoirs* (Kiyindou A. et Bautista R.A., 2010) »

Ainsi, les travaux les plus actuels, comparés à ceux cités en début de texte, font-ils à nouveau référence à l'espace ; certes, la part faite aux nouvelles technologies dans ce partage est loin d'être négligée, mais l'arbre ne cache plus la forêt, puisque l'outil ne crée pas l'échange, il le facilite.

Un dernier survol : retour à la terre-mère

Nos sociétés globalement, sont de plus en plus souvent des sociétés du risque : tempêtes, cyclones, inondations, tous sont présents dans l'espace planétaire et pour les temps à venir (Perriault J., Séminaire sur la gestion de crise, 2016 ISCC du CNRS).

Or la collaboration existe désormais entre scientifiques et acteurs du territoire concerné. En référence aux travaux de Lemoigne et Morin (CEDITER, printemps 2018, www.cediter.eu), pour concevoir les actions que nécessite la reconstruction des infrastructures et des emplois des hommes, la coordination entre les différents experts décideurs, acteurs est devenue indispensable ; les maîtres mots sont « complexité et contextualisation » dans un espace-temps considéré, bien défini. Il y a effectivement urgence ; la recherche du ou des coupables devient secondaire, la production indispensable. Des modèles sont alors empruntés aux acteurs et institutions clés qui, dans l'année 1999 a assuré le dépassement de crise dans les politiques de lutte contre les incendies de forêts. Un centre américain partenaire montre qu'il ne faut plus séparer les travaux de production de connaissances (physiques et sociales) de l'étude ET de l'accompagnement, de l'appropriation et de l'utilisation des informations scientifiques ; non plus « imposées » d'en haut (et donc en fait rejetées plus ou moins inconsciemment), ces informations doivent être co-construites. Donnons en exemple les réticences, malgré les soutiens financiers et les alertes des 33 scientifiques, à la lutte contre la prolifération des chenilles du pin alors qu'une entente à grande échelle, associant propriétaires privés, domaine public et institutions aurait permis d'organiser des zones de résistance aux périls sanitaires, avec un peuplement en essences mélangées (Capes David, 2011). C'est un exemple réussi de recherche collaborative pluridisciplinaire, dont nous pensons que la mise en pratique, dans une rationalité totalement différente du processus classique, est la voie de l'efficacité, mais aussi de la démocratie, pour la décennie à venir. Il aura fallu cinquante ans pour démêler « l'écheveau » de l'aéroport Notre-Dame-des-Landes !

La numérisation des villes ne peut davantage ignorer les territoires, les élus des collectivités ne peuvent laisser en retrait les acteurs-citoyens. Les lieux, la proximité, le partage d'une même histoire, autant de formes de communication qui permettent à l'information, édifiée en commun, de circuler, apportant bénéfice à l'ensemble de la population concernée ; le lien numérisé n'est rien, s'il ne prend racine dans un lieu propice.

En ce premier quart du nouveau siècle, de nombreux signes laissent présager un meilleur traitement de la tension entre numérisation mondiale et respect des territoires spécifiques.

En voici quelques exemples. Le succès, grand public et durable, de tout ce qui conserve l'art culinaire : émissions de télévision, revues spécialisées, associations et fêtes populaires, sous une forme même sensorielle, mais plus identitaire, la multiplication des revues d'Histoire, le succès constant des journées du Patrimoine. Nombre d'instituts, d'associations célèbrent, entretiennent, « ressuscitent » l'éveil du corps, le culte du sens longtemps décriés (odorat par exemple ou le toucher). Le cas de la musique maintient la tension paradoxale : la musique classique demeure « universelle » au-delà de tout territoire, mais les chants (corses, basques, bretons, nazis) conservent la marque du terroir. La disparition de Johnny Halliday a révélé son ancrage dans une tranche d'âge et une catégorie de population clairement « distinguable » selon les concepts de P. Bourdieu. Ce retour au terroir, dûment repérable, fait l'objet des premiers textes de l'ouvrage (Brigitte Munier, Damien Ehrarhdt, Alain Bienaymé, Ismaïl Benali). Ce retour aux sens, au sensible revêt même une dimension économique.

Mais, enfouis dans la mémoire des hommes, le souvenir des humiliations, invasions, dominations demeure vif. Les revendications catalanes, ou en Corse, sont actuelles, en cours de traitement. Trois exemples de « lutte de reconquête » de l'identité territoriale sont proposés dans la suite de l'ouvrage. Déjà aboutie pour ce qui concerne les habitants autochtones de l'Afrique du Nord, dont l'écriture, la langue, la culture, les rituels sont désormais co-existants (écriture amazighe et arabe). En 2018 l'Algérie a autorisé le nouvel An amazigh pour la première fois. Lutte persistante au Québec, sans que ne soient mesurables de progrès décisif. Des reconquêtes différenciées dans le territoire géographique des Caraïbes selon la nationalité (anglo-saxonne ou française) du colonisateur. Ces trois témoignages, sur trois territoires illustrent la complexité de ce retour à « l'identité revendiquée »

Réconcilier terroir et modernité

Les contributions de la troisième partie de l'ouvrage ne sont que des exemples partiels, non généralisables du mouvement actuel pour une communication partagée, avec des racines et des repères communs, mais au sein d'un groupe restreint ET la participation, à une autre échelle à des mouvements, méthodes, sphères moins intimes, mais indispensables Une sorte de compromis pour alléger la tension paradoxale séculaire.

C'est ainsi que se présente le monde rural actuel (célébré par le Salon de l'Agriculture), en ce double aspect ; c'est aussi la mutation de la communication territoriale. C'est enfin la mutation opérée par l'association Villes Internet du rapport usagers et citoyens dans les communes. Pour conclure sur l'interrogation sans cesse renaissante de « *qu'est-ce qu'un territoire* ? En effet la tension paradoxale entre « *d'où je viens ? qui suis-je, et où m'entraîne-t-on ?* » traverse l'humanité.

Cet ouvrage n'est donc qu'un point d'étape sur ce long parcours dans une histoire jamais figée.

Bibliographie

Millerand F., Proulx S., Rueff J., (dir.), *WEB social, mutation de la communication,* PUQ, Québec, 2010, p. 374

Commission française *pour* l'UNESCO : *la société de l'information ? Glossaire critique, Paris*, La Documentation française, 2005.

Paquot T., Lussault M. (dir.), *Murs et frontières, Hermès,* n° 63, Paris, CNRS Editions, 2012.

Par exemple, sous la plume du physicien A. Moles, *Sociodynamique de la culture,* Paris, Mouton et cie, 1967, où les individus sont décrits comme autant d'atomes isolés, soumis aux différentes étapes des processus et ressources informationnels.

Laulan A.-M., Perriault J. (dir.), Les racines oubliées des sciences de la communication, Hermès n°48, Paris, CNRS Editions, 2007.

Vagle W., « Time and Space in early Norvegian Radio », *Nordicom review*, volume 32, n° 2, Novembre 2011, p. 96.

Voir Livingstone S., Mascheroni G., Murru M. F., « Utilisation des réseaux socionumériques par les jeunes Européens », Coutant, A., Stenger, T. (dir.), *Ces réseaux numériques dits sociaux,* Hermès n° 59, Paris, CNRS Éditions, 2010.

Le compte-rendu d'une table ronde sur ce sujet sera publié au printemps 2012 dans le *Bulletin* de l'IREST.

Le titre complet de l'ouvrage sous la direction de Kiyindou A. et Bautista R.A. est : *Les nouveaux espaces de partage des savoirs, dynamique des réseaux et politiques publiques »,* Paris, L'Harmattan, 2010.

CEDITER, printemps 2018, www.cediter.eu

Extraits de l'article de David Capes « Pour une nouvelle ingéniosité multidisciplinaire de gestion des risques et des crises : les atouts historiques des Landes de Gascogne », *in* collectif *Tempêtes sur la forêt landaise*, Mont de Marsan, Atelier des Brisants, 2011, p. 205 à 218.

La part des sens en Occident

Brigitte Munier, Télécom ParisTech
et Éric Letonturier, Paris Sorbonne

Toute civilisation instaure une hiérarchie sensorielle[1] qui instruit une topographie du corps et de ses formes communicationnelles. Depuis Platon et Aristote, la culture occidentale privilégie la vue et l'ouïe, sens réputés nobles et distanciés, car préservés du contact immédiat avec la matière ; en retour, l'histoire des mœurs témoigne du contrôle croissant de l'odorat, du goût et du toucher, toujours suspects d'animalité en raison de leur proximité avec leurs *stimuli*. Présents dès le Moyen Âge, les traités d'éducation et de bonnes mœurs se multiplièrent à partir de la Renaissance, imposant une restriction toujours plus stricte des pulsions liées à l'olfaction, à l'alimentation, aux contacts et, plus spécialement, à la sexualité. Aujourd'hui, nous avons intériorisé ces contraintes au point de nous imposer sans peine la plus extrême retenue dans nos comportements alimentaires et nos rapprochements publics avec autrui, sans parler des exigences de désodorisation des corps et de l'environnement. La taxinomie adoptée nous paraît même si *naturelle* et conforme au « processus de civilisation » décrit par Norbert Elias que les récits d'anthropologues rapportant la priorité donnée par d'autres peuples à d'autres sens que les nôtres nous paraissent peu intelligibles : ainsi a-t-on du mal à se représenter comment les Desana de Colombie amazonienne peuvent faire fonctionner leurs règles d'endogamie sur des critères olfactifs (mariages entre époux pourvus d'odeurs opposées). Cet oubli du caractère *culturel* et, ainsi, relatif de nos références et priorités sensorielles est aujourd'hui aggravé par une exacerbation de la prédominance donnée à la vue et à l'ouïe due à l'usage croissant et massif des technologies dites d'information et de communication (TIC) : nos objets techniques - téléphones, smartphones ou tablettes - mobilisent regard et audition tout en tenant à distance d'écran et/ou de casque nos sens proximaux, odorat, goût et toucher. Dans les pays technologiquement développés, les échanges entre individus peuvent même atteindre une forme poussée de désincarnation qu'illustre l'exemple pathologique et trop fréquent d'adolescents repliés dans leur chambre et consentant aux seuls contacts permis par leur connexion à Internet et aux réseaux sociaux. Depuis quelques années, pourtant, telle une réaction à cette asphyxie des sens de l'intime, apparaissent des pratiques censées découvrir et valoriser l'usage de l'olfaction, de la gustation et du contact : les ateliers olfactifs, culinaires, œnologiques, les thérapies manuelles, etc. De leur côté, les neurosciences, dont les travaux s'étaient prioritairement portés sur la vue et l'ouïe, annoncent des découvertes importantes concernant les autres systèmes sensoriels : ainsi l'olfaction entre-t-elle parmi les phénomènes de reconnaissance moléculaire pour le nombre considérable de gènes mobilisés pour la synthèse des récepteurs d'odorants (Holley, Hermès 74, p. 85-88). Le public, enfin, porte un intérêt nouveau aux sens de l'intime sans lesquels toute relation ou communication lui paraît sèche et sans... saveur.

Nous reviendrons sur l'origine et les effets de la hiérarchie sensorielle occidentale avant d'en interroger le statut contemporain : vivons-nous l'amorce d'une sorte de révolution due à l'importance nouvelle donnée aux sens proximaux par les neurosciences et par la conscience récente de leur importance dans notre relation au monde et aux autres ?

La panoptique occidentale

Avertissement

La hiérarchisation des cinq sens est un phénomène anthropologique, culturel et social fondé sur une conception modulaire du *sensorium* (la vue perçoit la couleur, l'odorat l'odeur, etc.) qu'invalident les neurosciences : elles ont démontré l'organisation multisensorielle du cerveau qui, grâce à sa « plasticité modulaire » (Howes, 2010, p. 37), peut affecter une zone dédiée à l'usage d'un sens à un autre sens en cas de lésion. De même, les travaux contemporains mettent-ils en cause la division de la perception en cinq sens pour recenser parfois jusqu'à vingt systèmes sensoriels, le sens vestibulaire étant rangé à la sixième place et au même rang que les cinq précédents (Lambert, *in* Iris, 2012, 39). Fort importantes, ces avancées n'ont pas encore d'influence sur la conscience ordinaire, traditionnelle et triviale de l'usage de nos sens dont nous voulons ici esquisser l'origine.

À l'école des sens

Fort précoce, le partage des sens en deux groupes, distanciés et proximaux, fut développé par Aristote dans l'*Éthique à Nicomaque* et les *Petits traités d'histoire naturelle*. Le Stagirite traita de tous les sens, n'en condamna aucun et indiqua le statut spécifique de l'odorat capable de se réjouir des odeurs sans en consommer la source. Reprenant sa partition, ses successeurs seront sensibles à l'ambiguïté attachée à l'olfaction jugée tantôt plus spirituelle que la gustation (en raison d'une dilection sans contact), tantôt plus animale, car le processus de la respiration interdit de se soustraire aux odeurs. Kant qualifia la vue, l'ouïe et même le toucher de sens *objectifs* parce qu'ils « conduisent par la réflexion le sujet jusqu'à la connaissance de l'objet comme d'une chose hors de nous » (1994, p. 39) ; l'odorat et le goût, sens chimiques, lui parurent orientés vers la « délectation », l'olfaction demeurant moins sociale que la gustation et « contraire à la liberté » (*Id.*, p. 40) en vertu de son asservissement au souffle. L'impossibilité d'empêcher l'inhalation est un thème récurrent de la philosophie, des traités d'hygiène et de la littérature qu'épouvante l'impossibilité d'éviter une olfaction ogresque et malsaine. Une névrose sociale en fit les frais et, au XIXe siècle, Simmel, constatant que nous sommes sans force contre l'atmosphère qui rebute nos sens, en conclut : « La question sociale n'est pas seulement une question d'éthique, mais aussi une question de nez » (1999, p. 638). Si la fonction cognitive des sens de l'intime fut soutenue par Condillac, grand représentant de la tradition sensualiste, le courant intellectualiste prévalut largement et Freud en offre une illustration éclairante : le passage de la quadrupédie à la marche verticale, écrit-il dans *Malaise dans la civilisation*, a donné priorité à la vue au détriment de l'olfaction qu'affolaient les effluves montant du sol ; redressé, l'homme devint sensible à l'exposition des organes génitaux, apprit la honte puis la pudeur, sentiments qui permirent l'organisation de la famille et de la vie sociale. La relégation de l'olfaction accompagnant « la "verticalisation" de l'homme serait le commencement du processus inéluctable de la civilisation » (1971, n. 1, 50). C'est que « les hommes s'appliquent, pendant le "processus de civilisation", à refouler tout ce qu'ils ressentent en eux-mêmes comme relevant de leur "nature animale" » (1973, p. 172), observa en écho Norbert Elias dans son étude des mœurs européennes.

La souveraineté de l'œil

Loin d'obéir à une évolution naturelle, la hiérarchie sensorielle occidentale est un choix civilisationnel menant à interroger le bénéfice que notre culture a tiré de cette valorisation des sens distanciés affinée au cours des siècles : sans doute s'agit-il de la possibilité de pouvoir *tout voir*, *tout entendre* et (presque) *tout représenter*. L'Occident a développé une *passion scopique* permettant de comprendre le succès immédiat, globalement unanime et irrésistible, obtenu par les TIC : la publicisation de la vie privée dans les réseaux sociaux en constitue un commentaire suggestif. Au-delà des objets techniques, nous vouons un tel culte à tout ce qui dévoile ou démasque que la transgression fait figure d'exigence et la transparence, de morale. Les mises en scène théâtrales, par exemple, multiplient les expositions de corps dénudés tandis que le cinéma et diverses expositions montrent la sexualité d'une façon jadis réservée à des productions classées X. Le roi semble n'être jamais assez nu, même quand il le paraît.

Ces observations gagnent quelque intérêt une fois confrontées à la retenue imposée à l'expression des sens de l'intime : au sein de notre civilisation, les règles régulant les comportements sont si bien intériorisées qu'il n'est pratiquement plus besoin de recourir à des traités expliquant les bonnes façons de se tenir à table, de se moucher, de manifester son attirance sexuelle, etc. Ainsi ne réfléchit-on guère aux normes multiples, mais tacites, régissant l'approche d'un inconnu dont nous attendons le respect de certaines distances tactiles et olfactives. Outre le dégoût pour des rapprochements non désirés, la peur gouverne les règles imposées à l'usage des sens proximaux : songeons aux interdits frappant un nombre toujours croissant de substances à ingérer ou à respirer ou, encore, à cette crainte de la pédophilie conduisant à légiférer sur l'isolement d'un enfant et de son instituteur dans une même pièce.

L'Occident en quête des sens

Depuis quelques années, une réaction à cet étouffement des sens de l'intime apparaît sous la forme d'activités multiples censées favoriser leur exercice et leur jouissance au point de bousculer la taxinomie usuelle : nous l'envisagerons sens par sens sans préjuger de la valorisation de polysensorialité conçue telle la garantie de la relation pleinement vécue d'un sujet avec son environnement.

Le réveil des sens

L'estime rendue aujourd'hui à l'odorat donne lieu à un ensemble d'initiatives ludiques, pédagogiques ou thérapeutiques censées révéler les bienfaits à tirer de l'affinement de son usage ; les découvertes en neurosciences, touchant la richesse complexe du système olfactif, ne sont point étrangères à cette volonté de revalorisation non plus que le retentissement du prix Nobel de médecine reçu par Richard Axel et Linda Buck pour leur découverte d'une nouvelle famille multigénique propre à encoder les récepteurs des odorants. La revalorisation de ce sens est à la mesure de sa durable proscription !

L'odorat fut déprécié dans notre civilisation au point que nul ne se soucia de son éducation auprès de la jeunesse ni du dépistage de ses déficits - fait bien remarquable si on le mesure à l'intérêt témoigné aux difficultés visuelles ou auditives ! Mais voici que le parfum dispose d'un conservatoire (l'Osmothèque de Versailles), fait l'objet d'expositions, de musées et s'invite même à des spectacles dignes du concert odorisé du *Meilleur des mondes* d'Aldous Huxley. Le rôle socialisant désormais reconnu à l'odorat est attesté par diverses pratiques et travaux dont nous citons deux exemples : l'olfactothérapie est introduite dans les services hospitaliers de rééducation neurologique qui stimulent l'odorat de grands malades pour réveiller leur conscience d'appartenance au monde ; en psychologie cognitive, des chercheurs comparatistes, qui tentaient de transposer à l'homme les observations attestant le contrôle par des signaux chimio-sensoriels de nombreuses fonctions adaptatives de l'animal, ont montré que l'odorat joue un rôle non négligeable dans les relations familiales et sociales humaines (Munier, 2017, p. 221-233).

L'univers du goût est tout aussi vivant et innovant : les pays dotés d'une tradition culinaire et œnologique, comme la France, revendiquent la vocation culturelle et communicationnelle des pratiques gastronomiques traitées par les périodiques de bonne facture telle un parangon du savoir (bien) vivre. La gustation demeure cependant indissociable de l'olfaction, car si notre système gustatif permet l'appréciation de la consistance et de la température des mets, celle des saveurs dépend de la rétro-olfaction.

Est-il enfin besoin de rappeler l'importance donnée au toucher et aux contacts physiques dont on répute le rôle psychique alors même que les usages sociaux et professionnels les limitent par souci des convenances. Des thérapies manuelles d'obédiences diverses se multiplient, promettant bien-être et mieux-être, tandis que se répand la mode du tatouage jadis réservé en Occident aux marins et aux bagnards : destiné à extérioriser l'intimité de la personne sur des lieux choisis de son corps, il manifeste la dimension profondément identitaire de la peau.

Le sens du marketing

Le recours compulsif aux TIC nous a paru responsable d'une accentuation du privilège donné à la vue et à l'ouïe, mais l'industrie elle-même accompagne l'engouement actuel pour les sens proximaux en faisant de la polysensorialité le maître mot du *marketing :* la valeur d'un produit simple ou complexe se mesure à la possibilité de jouissance plurisensorielle qu'il procure. Parmi une légion d'exemples possibles, retenons le « 4ème sens » sous la forme du brevet d'un logiciel du Web odorant déposé par France-Télécom en 1999 et *TransProse*, un logiciel capable d'analyser un texte puis de proposer une musique adaptée à l'une des huit émotions repérées.

« La chair est triste, hélas[1] !... »

Sens et standardisation

Une observation attentive contredit pourtant l'hypothèse d'une libération contemporaine de la sensualité que manifesterait la redécouverte des sens de proximité : les expériences olfactives et gustatives sont soumises à des cérémoniaux dirimant d'emblée tout risque d'abandon à la pulsion : on teste, on sent, on goûte, on cuisine et on fabrique sous la conduite d'un expert transformant l'exercice des sens en art (de vivre) et/ou en savoir. Éprise d'esthétique, la gourmandise s'interdit tout « lâcher-prise » tandis que les expositions, les spectacles ou les jeux évoqués plus haut stimulent l'imagination, mais supposent et imposent une retenue de bon aloi. Du côté du toucher, les pratiques thérapeutiques et de bien-être débordent d'inventivité et d'exotisme, mais affichent

---

[1] Mallarmé, *Brise marine*, Paris, Gallimard, « Bibliothèque de la Pléiade », 1945, p. 38.

plus de prétention au savoir, au confort et au souci de la santé qu'à une libération sensuelle. Point d'exaltation des sens, non plus, dans l'extension du tatouage à toutes les classes sociales : que la peau soit d'emblée donnée à contempler ou à lire, mais non à caresser, dénote le souci de la marquer du sceau de la culture comme pour en masquer la nudité.

En d'autres termes, si le besoin d'une attention plus grande donnée à la sensorialité et à la sensualité paraît bien émerger, il s'exprime à travers des formes tellement esthétisées, intellectualisées et ritualisées qu'elles en trahissent la libre manifestation : la vieille hiérarchie sensorielle occidentale serait alors confirmée par ces transgressions trop policées pour être honnêtes. On objectera la qualité et l'originalité des récentes thérapies sensorielles, olfactives notamment, qui attestent l'importance reconnue à la sensorialité : cependant leur mise en œuvre à l'hôpital, quand tous les autres soins ont échoué, révèle l'inconsciente négligence dont sont victimes nos sens proximaux. On pourrait alors arguer des appels à la sensualité et à la jouissance omniprésents dans les magazines et sur les murs de nos villes affichant des corps superbes, sensuels et semi-nus : n'est-ce pas là célébration du plaisir, de la griserie et de la volupté dont l'avidité redéfinit parfois les règles de la pudeur ? Sans doute, mais de façon si convenue et circonscrite que cette apologie du corps tourne court : la sensualité et la sexualité vécues, théâtralisées et médiatisées à l'envi mobilisent des individus jeunes, minces, sains et beaux dont l'exposition abondante, mais sélective, suit des normes esthétiques qui les standardisent ; malheur à ceux dont la plastique contrevient au modèle ! On opposera une vogue confidentielle, mais réelle, offrant à des mannequins âgés une place dans des magazines tel le supplément au « Monde » ou à « L'Obs » : outre que l'âge avancé constitue un marché, l'aspect de ces modèles (maquillages excessifs, vêtures et poses théâtrales etc.) s'intercale entre le produit et le sujet pour apprivoiser la maturité et la vieillesse, non pour les glorifier.

Griserie des sens, mais crainte de l'obsolescence

L'intériorisation du contrôle appliqué à la manifestation des sens de l'intime est si forte que sa mise en évidence surprend et dérange tant elle paraît contrevenir aux progrès de la liberté dont s'enorgueillit notre culture : nous songeons au féminisme, à la maîtrise de la fécondité, à la légalisation de l'IVG, à la dépénalisation de l'homosexualité, à l'autorisation du mariage pour tous, etc. Mais il ne faut pas mélanger les ordres : que notre civilisation devienne plus ouverte et tolérante est grandement appréciable, certes, mais ne prouve rien quant à sa capacité de jouissance sensorielle et sensuelle ! N'est-ce point dans cette société si heureusement permissive que s'est répandue la « fatigue d'être soi », thématisée par Alain Ehrenberg (1991) ? La célébration du corps et des sens est mise en échec par l'angoisse de la fragilité de la chair, mais, aussi, par l'imposition normative à un travail de mise en forme de soi, d'une *fitness* sociale selon des règles qui préfixent les cadres de l'expérience sensorielle et sanctionnent débordements et effusions.

Sans songer à nier la présence actuelle d'un besoin de sensualité réel, puissant et fortement exprimé en Occident, nous pensons donc qu'il échoue face au souci plus profond de la préservation du corps et à la conscience aiguë de sa vulnérabilité : il suffit, pour s'en convaincre, de penser aux mises en garde incessantes contre les dangers de *manger* (sucre, sel, graisses, OGM, etc.), d'*inhaler* (« fumer tue ») et de *toucher* tant sont grands les risques de contamination microbienne ou virale. Oui, nous aimerions nous laisser aller à la pulsion (goûter, fumer, toucher, palper, expérimenter ensemble), mais la peur de compromettre la santé est plus forte : la corruptibilité de la chair que menacent la maladie, la souffrance et la déchéance nous terrifie, réfrénant le désir de jouissance et refermant l'individu sur lui-même.

Telle est la problématique qui nous paraît renverser la foi superficielle en la valorisation contemporaine des sens. Que l'on ne se méprenne pas : il est vrai que nous idolâtrons la splendeur passagère du corps (faute d'une autre divinité à révérer, sans doute), mais sa fragilité nous angoisse jusqu'à la désespérance ; de nombreux artistes en font foi, tel Francis Bacon que fascinait la chair saignante, morbide ou corrompue. Ainsi, aujourd'hui plus que jamais hantés par la crainte de la déchéance physique, reconduisons-nous la crainte de l'abandon aux sens poursuivi tout au long de notre processus de civilisation.

Demeurent, bien sûr, la nuit, la fête, le carnaval, les *rave-parties* et autres frairies que notre culture aime à qualifier de dionysiaques. Attachées à déployer et à partager une sensualité sans frein, elles font la part belle à la nuit et aux sens de l'intime, quitte à assourdir l'ouïe et éblouir la vue, mais sans contredire notre hypothèse : tenues aux lisières de la société, elles en confirment *a contrario* les usages, les tendances et les normes.

À sens perdus

Moins fort et désespéré que la crainte de la maladie et de la déchéance, le désir de jouissance s'y mesure. Ce constat rejoint les travaux de chercheurs qui, tels David Le Breton ou Jean-Michel Besnier, décèlent en notre civilisation une « haine du corps » tel l'affect d'une culture obsédée par une corporéité dont la débilité l'angoisse. Nous en voulons pour preuve la fascination pour la thématique du *corps transformé* par les prouesses technoscientifiques : au-delà de la « réparation » du corps par des prothèses toujours plus performantes et sophistiquées, par des implants cérébraux ou par les nouvelles thérapies géniques se développent des rêves d'« augmentation ». Les fantasmes suscités par l'hybridation de technologies et de corporéité naturelle rejoignent les vieux rêves de jouvence. On attend des travaux placés sous l'égide de la convergence des NBIC (Nanotechnologies, Biotechnologies, sciences de l'Information et sciences Cognitives) une lutte contre la maladie et le vieillissement vécu comme une dégradation, mais, aussi, la capacité prochaine à prolonger la vie si odieusement mortelle. Les mouvements *trans* et *post*humanistes, dont l'audience croît, aspirent à un avenir prochain où les progrès technologiques auront connu une accélération telle que l'intelligence artificielle sera devenue autonome : ce serait l'avènement de la « *Singularité* », une mutation néodarwinienne de l'humanité en une espèce nouvelle hybridant l'humain et la machine. Obsolète, le corps humain cessera d'être asservi aux vicissitudes de la chair pour laisser place au *mind*, esprit téléchargeable sur un corps-support renouvelable aussi longtemps que durera le désir de vivre du sujet. La notion de *désir* pose cependant problème parce que le posthumain, désincarné au strict sens de ce terme, risque de n'avoir plus ni sensations ni émotions. Vainqueurs de la mort, nos *Successeurs*, anges de fer dans un monde bionique, auront perdu les sens et la sensualité, le sexe et la libido trop humaine : sans *thanatos*, point d'*éros*. La France se tient un peu en retrait de cette thématique qui, aux États-Unis, débloque de colossaux financements pour la recherche, mais participe à l'ambiguïté de la perception du corps et de la sensorialité qu'elle suppose : l'utopie (ou la dystopie) post-humaniste prétend vaincre la mort, mais c'est au prix de la jouissance sensorielle et de l'épanouissement d'un corps sensible qu'humilie la machine fabriquée, améliorable et étrangère aux vicissitudes de la chair.

Bibliographie

Besnier J.-M., *Demain les posthumains. Le futur a-t-il encore besoin de nous ?*, Paris, Poche « Pluriel », 2012.

Condillac É. B. de, *Traité des Sensations*, Paris, Fayard, 1997.

Corbin A., *Une Histoire des sens*, Paris, Laffont, « Bouquins », 2016.

Elias N. [1939], *La civilisation des mœurs*, trad. P. Kamnitzer, Paris, Pocket, 1976.

Ehrenberg G, *La fatigue d'être soi : dépression et société*, Paris, Odile Jacob, 1991.

Freud S. [1929], *Malaise dans la civilisation*, trad. Ch. et J. Odier, Paris, Puf, 1971.

Heller-Roazen D., *Une archéologie du toucher*, trad. P. Chemla, Paris, Seuil, 2011.

Holley A., *Le Sixième sens. Une enquête neurophysiologique*, Paris, Odile Jacob, 2015.

Howes D., *Sensual relations : engaging the senses in Culture and Social Theory*, Ann Arbor, University of Michigan Press.

Kant E. [1798], *Anthropologie d'un point de vue pragmatique*, trad. M. Foucauld, Paris, Vrin, 1994.

Le Breton D., *L'Adieu au corps*. Paris, Métailié, 2013

Jaquet C., *Philosophie de l'odorat*, Paris, Puf, 2010.

Merleau-Ponty M., *Phénoménologie de la perception*, Paris, Gallimard, « NRF », 1945.

Munier B., *Odeurs et parfums en Occident. Qui fait l'ange fait la bête*, Paris, le félin, 2017.

Serres Michel, *Les cinq sens*, Paris, Grasset, 1985.

Simmel G., *Sociologie. Études sur les formes de la socialisation*, trad. L. Deroche-Gurcel et S. Muller, Paris, Puf, 1999.

Sperber D., *Le symbolisme en général*, Paris, Hermann, 1974.

Vigarello G., *Le propre et le sale*, Paris, Seuil, 1985, Collectifs

Anthropologie du sensoriel : Les sens dans tous les sens, dir. : D. Le Breton, C. Méchin, I. Bianquis, Paris, L'Harmattan, 2000.

« Communications », N°86. *Langages des sens*, dirigé par M.-L. Gélard et O. Sirost, 2010.

« IRIS » N° 33, *Imaginaire et perception*, Centre de recherche sur l'imaginaire - Université de Grenoble, 2012.

« Hermès », N°69, *Sexualités*, dir. : É.-A. Amato, F. Pailler et V. Schaffer, Paris, CNRS-éditions, 2014.

« Hermès », N°74, coordonné par B. Munier et É. Letonturier, Paris, CNRS-éditions, 2016.

Histoire du corps, dir. : Alain Corbin, J.-J. Courtine et G. Vigarello, 3 tomes, Paris, Seuil, 2005-2006.

Les cinq sens de la création : art technologie, sensorialité, dir. : M. Borillo et A. Sauvageot, Seyssel, Champ Vallon, 1998.

Musique et territoire : de la terre au monde

Damien Ehrhardt,
Maître de conférences HDR,
Université d'Evry / Université Paris-Saclay

Le territoire présume l'existence de frontières. La musique, en revanche, est perçue le plus souvent au-delà des frontières. Or, les hymnes nationaux ne jouent-ils pas le rôle de marqueurs territoriaux ? La musique serait-elle donc à même de construire ou de déconstruire le territoire ? Cela dépend évidemment du sens attribué aux notions polysémiques de musique et de territoire. Si la première décrit un art, une production et une pratique, elle peut aussi désigner l'un des arts libéraux du *quadrivium* aux côtés de l'arithmétique, de la géométrie et de l'astronomie. Quant au concept de territoire, Thierry Paquot (2018) a montré son étendue, puisqu'il est utilisé indifféremment par les historiens, les géographes, les éthologues, les anthropologues et les juristes. La définition du terme est plus ou moins étendue. Pour Roger Brunet (1993), le territoire est un espace borné et reconnu au-delà de ses frontières, que l'on s'approprie ; il joue un rôle essentiel dans la construction des identités et constitue la projection, sur un espace donné, des structures spécifiques à un groupe humain tout en renvoyant à l'existence de l'État. Selon cette définition, le terroir ou l'attachement des citadins à leur quartier ne constituerait pas un territoire. Toutefois, cette notion ne puise-t-elle pas son origine du mot latin *territorium*, lui-même issu de *terra ?* La sphère du territoire ne devrait-elle donc pas inclure le terroir ? Ne faudrait-il pas, dans ce but, envisager une définition plus étendue de cette notion ? Selon Deleuze et

Guattari (1980), le territoire est toujours potentiellement en voie de déterritorialisation, « en voie de passage à d'autres agencements, quitte à ce que l'autre agencement opère une reterritorialisation », le passage vers un nouveau chez-soi.

En croisant les sens respectifs de la musique et du territoire, on parvient à un tableau à quadrants résumant les combinaisons possibles entre ces deux termes :

Territoire Musique	Espace limité	Espace en voie de déterritorialisation
Art (Beaux-arts)	Quadrant A	B
Ars-liberalis (quadrivium)	C	D

La musique, marqueur de territoire (Quadrant A)

Une grande partie des recherches actuellement consacrées à la thématique « musique et territoire » s'inscrivent dans la Quadrant A. Ce type d'approche relève -ne serait-ce que partiellement- de la « géographie musicale » et entend la musique comme géo-indicateur. Voici quelques exemples de sujets traités : la production musicale de territoires plus ou moins institutionnalisés ; les environnements sonores des villes ; l'expression d'émotions collectives, par exemple la *Saudade* dans les musiques portugaise et brésilienne ; le rôle de la musique dans la construction des identités culturelles, dans les processus d'identification et de reconnaissance des groupes sociaux. Si, jusqu'à présent, ces travaux sont surtout l'apanage des géographes, ils sont aussi traités par les musicologues, surtout en ce qui concerne la création des identités culturelles (notamment Föllmi *et al.* 2010). De ce point de vue, la musique agit comme un vecteur de représentations et le musicien comme un acteur des processus de territorialisation. L'attachement à la musique d'un territoire est donc susceptible de mieux comprendre la territorialité en tant que telle (Raibaud 2009 ; Raibaud /Canova 2017).

À première vue, la musique agit comme un marqueur de territoire. Le fait d'associer communément des musiques à des aires culturelles (musiques chinoise, indienne…), à des pays (chanson française, *bel canto* italien…) ou à des régions (chants polyphoniques corses…) va dans ce sens. Il en est de même des instrumentistes, souvent associés à tort ou à raison à des écoles nationales auréolées de prestige à différentes époques. Les Vingt-quatre Violons du Roi sous la baguette de Jean-Baptiste Lully n'incarnent-ils pas les grandes heures de l'école française de violon ? Il en est de même des pianistes, de l'école russe ou soviétique, qui ont vu naître dans le sillage d'Heinrich Neuhaus des virtuoses réputés à l'instar d'Emil Gilels ou de Sviatoslav Richter ? Mais il est aussi question d'écoles nationales de compositeurs, nées dans l'Europe de la seconde moitié du XIXe siècle. Leur émergence correspond au moment où les peuples affirment leur autonomie, ce qui peut s'accompagner de sentiments patriotiques plus ou moins exacerbés, notamment en Europe médiane ou en Scandinavie.

La musique et les musiciens d'un territoire à l'autre (entre A et B)

Si des modes, des timbres ou des instruments peuvent être associés à des traditions régionales ou nationales, le caractère national n'est-il pas construit ? L'individualité créatrice et stylistique ne transcende-t-elle pas l'ancrage territorial d'une musique ? Avant la seconde moitié du XIXème siècle, le lien entre musique et territoire s'effectue essentiellement à l'échelle de la ville. On parle de centres musicaux autour desquels gravitent des musiciens qui, le cas échéant, forment des écoles. En effet, lorsqu'un artiste reconnu s'installe dans un lieu, celui-ci peut en attirer d'autres, d'où la circulation des musiciens entre les territoires. Il en est ainsi du cercle formé vers 1750 à Mannheim autour de Johann Stamitz (Ecole de Mannheim) ou du cénacle de Franz Liszt à Weimar dans les années 1850 (Nouveau Weimar). Dans ce dernier cas, Liszt se réfère au *genius loci* de la ville qui a été le berceau du classicisme weimarien (*Weimarer Klassik*). Ainsi, certains lieux deviennent attractifs à une époque donnée et gardent la mémoire de ce moment opportun. Le classicisme viennois (*Wiener Klassik*) apparaît également comme une école. Mais Haydn, Mozart et Beethoven ne se reconnaissaient pas eux-mêmes comme la triade du classicisme viennois : cette école a été construite *a posteriori* dans les années 1830. Cette construction permettait alors aux romantiques d'établir des formes musicales canonisées (dont la forme sonate, associée au principe de la symétrie), afin de mieux pouvoir s'en émanciper. La *Wiener Klassik* est une école particulière, la dénomination « classique » renvoyant ici à un *kairos*, moment opportun et point de basculement décisif de l'histoire.

À la fin du XIXe et au début du XXe siècle, les écoles nationales passent de l'échelle de la ville à celle de la nation. Si elles empruntent souvent un discours patriotique, voire nationaliste, comme en témoigne la devise belliqueuse *Ars Gallica* de la Société nationale de Musique fondée dans le contexte de la Guerre franco-prussienne, le caractère national de la musique dépourvue de paroles n'est pas facile à établir. Ainsi, le caractère colossal de certaines œuvres de Saint-Saëns (*Cyprès et Laurier* ou *Symphonie avec orgue*) s'avère très éloigné de la légèreté, de la transparence et de la subtilité sonore généralement attribuées à la musique française. Mais cette dernière n'a-t-elle pas été établie à l'aune de la canonisation de certaines œuvres de Berlioz, Debussy, Fauré ou Ravel ? (Ehrhardt 2017). Malgré sa devise belliqueuse, la Société nationale de Musique n'a pas banni la musique (instrumentale) allemande : elle se l'est appropriée précisément en vue de la surpasser. En outre, la première en date de ces écoles, la *Neudeutsche Schule*, jouit d'une visée universaliste dans le choix de ses figures d'identifications : un Français (Berlioz), un Hongrois cosmopolite (Liszt) et un Allemand en exil (Wagner).

Ainsi, la musique -surtout lorsqu'elle est exempte de paroles-, comme ses interprètes et ses compositeurs se dérobent sans cesse au territoire. L'inscription de la musique dans un territoire est avant tout une question de discours développés autour de cet art. Depuis le XVIIIe siècle, les voyages des musiciens jouent un rôle majeur dans leur formation, même s'ils peuvent aussi résulter de tournées de concerts de plus en plus fréquentes. Un musicien d'exception surpasse les frontières territoriales : la finesse de son interprétation et la qualité de son jeu sont plus à même d'attirer notre attention que son appartenance à telle ou telle nation. En particulier, lorsqu'une interprétation déplaît, qu'elle soit peu fluide ou trop mécanique, les maladresses peuvent être associées à des stéréotypes nationaux. Ainsi, la pianiste chinoise Yuja Wang constate au sujet des pianistes de son propre pays qu'ils ont « un bon niveau technique, mais de vrais problèmes d'interprétation » (Dahan 2011). Cette remarque ne fait pas référence aux pianistes hors pairs, qu'ils soient chinois ou occidentaux, mais à ceux, dont la qualité du jeu ne correspond pas à nos attentes. Or, ces derniers peuvent être de toutes les nationalités… D'autres musiciens se livrent à une véritable pérégrination globale. Citons l'exemple du chef japonais Seiji Ozawa qui, après des études à l'Université de musique Tōhō Gakuen de Tokyo, construit sa carrière internationale en passant par différents centres musicaux d'Europe et d'Amérique du Nord (Boston, Berlin, Toronto, San Francisco, Vienne, Londres, Paris…).

Outre la circulation des musiciens, avec la globalisation, la musique elle aussi se déterritorialise. C'est le cas de l'appropriation, en Asie de l'Est, de la musique savante occidentale. Et même pour des pays comme l'Inde, où son rôle semble à première vue négligeable, elle est appréciée dans de grandes métropoles comme Mumbai qui compte, depuis 2006, un orchestre de musiciens professionnels, le Symphonic Orchestra of India.

Les musiciens et la musique ne circulent pas simplement entre les territoires : les premiers bénéficient d'une plus-value interculturelle ; la seconde fait l'objet de mutations plus ou moins importantes. C'est le propre des transferts culturels dont un exemple probant est l'appropriation de la chanson *Frère Jacques* dans la Chine du début du XXe siècle. À cette époque, les chants d'école proviennent le plus souvent de mélodies européennes affranchies de leurs paroles d'origine. En ajoutant de nouveaux textes en chinois, le sens de ces chants peut se transformer radicalement. Ainsi, en ce qui concerne *Frère Jacques*, la référence monastique laisse la place à un chant militaire de l'armée révolutionnaire nationale… (Lou 2005).

Musiques et musiciens voyagent d'un territoire à l'autre ; la musique, si elle peut marquer un territoire, est révélatrice de l'inter ou de la transterritorialité, nécessaire plus que jamais à l'âge de la globalisation tardive. Elle est exemplaire lorsqu'il s'agit de mettre en relation les territoires à l'aune des migrations et des transferts culturels, enjeu majeur de nos sociétés contemporaines.

Dans ses travaux sur le développement des sociétés et des territoires sahéliens, Abdoul H. Ba (2017) étudie des thématiques comme l'enchevêtrement des territoires, leur caractère multi-scalaire, la situation des acteurs entre plusieurs territoires et la nécessité d'intégrer la diversité culturelle au cœur du développement. Son travail met en lumière les liens étroits unissant culture(s) et territoire(s). Pour expliciter son propos, Abdoul H. Ba recourt à une métaphore en phase avec le sujet du présent article : « En risquant une analogie, on peut dire que la culture est au territoire ce que la mélodie instrumentale est à l'instrument de musique. »

La métaphore musicale comme dissolvant du territoire (Quadrant B)

La métaphore musicale semble à première vue périphérique dans la définition du territoire. En réalité, elle joue un rôle primordial dans la conception de celui-ci, notamment chez Deleuze et Guattari (1980). Je commencerais ici par proposer une interprétation de la métaphore musicale d'Abdoul H. Ba. Pour donner pleinement sens à cette analogie, la sonorité des instruments à cordes polyphoniques sera privilégiée ici au détriment des sons échantillonnés des instruments électroniques. En effet, des instruments à cordes comme le piano ou le violon demandent à être accordés et disposent, en outre, d'une caisse de résonance ou table d'harmonie. Afin de s'entendre dans une société, il faut d'abord s'accorder. Les cordes sont accordées les unes par rapport aux autres, elles sont interdépendantes et toutes contribuent à l'harmonie d'ensemble. Il n'est donc pas possible de négliger l'accord de certaines d'entre elles au profit d'autres. La table d'harmonie -l'âme de l'instrument- est une caisse de résonance, elle transforme et amplifie les vibrations de chacune des cordes, et détermine la qualité du timbre de l'instrument. Les sons ne sont pas isolés, mais unis dans une harmonie qui les dépasse. Cela n'est pas sans rappeler le rapprochement souvent établi entre le bon gouvernement et le musicien, entre les qualités de celui qui nous gouverne et le fait d'obtenir, sur son instrument, l'harmonie parfaite des sons. Il en est ainsi du climat de concorde créé par la danse et la musique sur la fresque des *Effets du bon gouvernement en ville* d'Ambroggio Lorenzetti. L'image de la table d'harmonie fait penser à une plus-value collective, celle qui permet de démultiplier l'action des différents agents. La métaphore musicale permet, en outre, de relativiser tout cloisonnement territorial : il est possible de jouer la même mélodie sur différents instruments ou de la jouer à plusieurs sur le même instrument, en l'intégrant dans une polyphonie plus ou moins complexe. S'y ajoute que les instruments évoluent et qu'il est possible de se ressourcer sur un instrument d'époque, même si on ne l'adopte pas : en écoutant la sonorité de tel ou tel passage d'une œuvre de Mozart sur un clavicorde, le pianiste moderne peut améliorer sa compréhension de l'œuvre.

Une idée similaire apparaît dans *Mille Plateaux* de Deleuze et Guattari (1980) qui, dans leur métaphore musicale du territoire, privilégient le rythme. Si le milieu existe grâce à la répétition, le rythme s'incarne dans la différence, c'est-à-dire le passage dans d'autres milieux. Le territoire se définit comme un acte qui « territorialise » les milieux et les rythmes. Son marquage dimensionnel ne s'apparente pas à la régularité de la mesure ou de la cadence, mais dans l'Inégalité et l'Incommensurabilité du rythme, toujours en transcodage entre deux milieux. Ce rythme marqueur de territoires représente bien plus qu'un « panneau indicateur » -pour reprendre l'expression de Debussy au sujet du leitmotiv de Wagner- : il s'accompagne de contrepoints « qui expriment le rapport du territoire avec des impulsions intérieures ou des circonstances extérieures ». On est très loin de la définition de Roger Brunet. Relier musique et territoire permet d'échapper à une vision réductrice et trop unilatéralement administrative de celui-ci. Selon l'acception de Deleuze et de Guattari, les territoires, mobiles, transitoires et rhizomiques -au même titre que les identités culturelles- se construisent dans le passage et se métamorphosent au fil du temps. Eu égard à son caractère déterritorialisant, la musique, lorsqu'elle intervient dans la définition du territoire, est donc à même de le déconstruire.

Au-delà de la musique et du territoire (Quadrants C et D)

Outre son caractère artistique, la musique désigne aussi -dans une acception plus large- l'un des arts libéraux du *quadrivium*. Dans son *De Institutione Musica*, Boèce adjoint à la musique audible jouée par les instruments (*musica instrumentis*) deux autres musiques : la musique humaine (*musica humana*) et la musique du monde (*musica mundana*). Cette dernière n'est pas audible, mais correspond aux quotients mathématiques -associés à des intervalles musicaux- symbolisant la profonde harmonie qui sous-tend le mouvement des astres, le cycle des saisons et les éléments. La musique humaine, comparable à la résonnance sonore, correspond à l'union entre les parties du corps et de l'âme. Comme la *musica mundana*, dont elle représente une image à l'échelle humaine, elle n'est pas audible, mais elle peut être appréhendée via une approche introspective. Et la *musica mundana* et la *musica humana* renvoient à une harmonie cosmique, à une unité située au-delà de la diversité des parties. Cette harmonie peut être celle du cosmos dans sa totalité -ou macrocosme- ou celle de son abrégé, le microcosme de l'être humain. L'harmonie du microcosme et du macrocosme transcende les territoires qui représentent les parties du Tout, et non le Tout en lui-même.

Quant au planétarisme, figure de réflexion critique, qui entrevoit la Terre non plus comme un espace à dominer, à posséder et à contrôler, mais comme une planète habitable dans sa totalité (Neef 2013), il préfigure peut-être un méta-territoire en devenir : le vaisseau Terre qui voyage dans l'espace à la vitesse de 107 280 km/h et ne dispose d'aucune issue de secours. Ce méta-territoire est limité dans l'espace. En outre, les enjeux planétaires liés au cosmopolitisme et à l'écologie peuvent traduire une vision renouvelée de la musique comme harmonie cosmique. Cette nouvelle vision planétaire peut être située au sein du Quadrant C.

Avec l'émergence de la conception emphatique de l'œuvre au XIXème siècle, les « grandes » formes musicales, associées à l'unité organique, finissent par être considérées comme des microcosmes. Ainsi, les changements de tonalité et le devenir des thèmes dans les différentes parties de la forme sont à même de traduire musicalement un voyage traversant plusieurs territoires. Parfois, la forme unit des éléments tellement disparates et inattendus qu'il peut être question de déterritorialisation. De même, au terme du processus formel, le retour vers des éléments déjà connus, mais métamorphosés, peut se traduire comme une reterritorialisation. Le voyage au sein du microcosme de la forme musicale peut donc être situé dans le Quadrant D.

Pour conclure

Le territoire appartient à la terre, mais il est ouvert au monde, de la même façon que l'art ou la musique (Heidegger 1960). Cette étude a croisé différentes acceptions de la musique et du territoire partant de définitions restreintes, proches de la terre, avant d'élargir la sphère des concepts vers le cosmos. Que la musique marque le territoire ou qu'elle le dissolve, force est de constater son pouvoir. Agissant sur nos émotions, elle peut illustrer images et discours, mais aussi être instrumentalisée, y compris à des fins de propagande. Un apprentissage de l'écoute de la musique permet de déconstruire ces potentielles instrumentalisations. Est ainsi souligné le rôle crucial de la musique, au sens le plus large, pour les musiciens, mais aussi pour l'ensemble de la société.

Bibliographie

Ba, Abdoul H. (2017) : *Mise en relation des acteurs et des territoires. Dimension (inter)culturelle dans la gouvernance territoriale et les migrations internationales*, dossier d'HDR, Université de Cergy-Pontoise.

Brunet, Robert ; Théry, Hervé ; Ferras, Robert (1993) : *Les mots de la géographie – Dictionnaire critique*, Montpellier, Reclus, 2e édition.

Dahan, Eric (2011) : *La leçon de piano de Yuja Wang*, in : *Libération*, 2 avril 2011.

Deleuze, Gilles ; Guattari, Félix (1980) : *Mille Plateaux*, Paris, Les Editions de Minuit.

Ehrhardt, Damien (2017) : *Le concert (au-delà) des nations : l'Europe des transferts*, in : *Hermès. La Revue*, n° 77, p. 169-176.

Föllmi, Beat A. ; Grosch, Nils ; Schneider, Mathieu, dir. (2010) : *Music and the Construction of National Identities in the 19th Century*, Baden-Baden & Bouxwiller, Valentin Koerner.

Heidegger, Martin (1960) : *Der Ursprung des Kunstwerkes*, Stuttgart, Reclam.

Lou, Qiaoyan (2005) : *La musique chinoise de la première moitié du XXe siècle à la lumière des transferts culturels*, mémoire de maîtrise, Université d'Evry-Val-d'Essonne.

Neef, Sonja (2013) : *Der babylonische Planet, Kultur, Übersetzung, Dekonstruktion unter den Bedingungen der Globalisierung,* Heidelberg, Universitätsverlag Winter.

Raibaud, Yves (2009) : *Musiques et territoires : ce que la géographie peut en dire*, Colloque international de Grenoble *Musique, territoire et développement local*, Grenoble, novembre 2009, hal-00666220

Raibaut, Yves et Canova, Nicolas (2017) : *La musique marque son territoire*, in : *CNRS Le Journal*, https: //lejournal.cnrs.fr/billets/la-musique-marque-son-territoire (consulté le 6 janvier 2018).

Un chant marqué par le territoire : l'Ahellil

Ismaël Benali, Docteur en Linguistique
Université Paris Diderot – Paris 7

Chant ancestral originaire du Sud-ouest algérien dans la région du Gourara, l'Ahellil connaît depuis une décennie une renaissance depuis l'organisation annuelle d'un festival dédié à ce patrimoine immatériel classé universel par l'UNESCO en 2005. Le Festival Culturel National d'Ahellil organisé dans la ville de Timimoun, vise la promotion et la préservation de cet art défini comme à la fois profane et religieux par l'écrivain et chercheur Mouloud Mammeri. Selon ce dernier, ces chants remontent à la période antéislamique. Une trentaine d'associations culturelles locales venues de différents villages de la région participent à cette manifestation et concourent pour obtenir le prix du festival.

Des chants arabes et essentiellement zénètes (berbères) sont composés d'invocations, de prières et de poèmes qui font éloges du Gourara, de ses habitants et de sa culture. Formant un cercle autour d'un soliste, d'un flûtiste et d'un percussionniste, un groupe d'hommes chantent en chœur ce recueil en tapant des mains dans une chorégraphie lente et harmonieuse. Pratiqué lors des cérémonies religieuses, de célébrations de saints ou lors des fêtes de mariages et foires annuelles, l'Ahellil connaît une version plus intime : le Taguerrabt, où les participants sont assis et les instruments tels que la tamja (flûte de roseau) et l'aqallal (tambourin) sont remplacés par le bengri (instrument à deux cordes) et l'adgha (meule frappée avec deux molettes).

Ces chants symbolisent la cohésion des habitants qui ont vécu dans un environnement hostile : guerres tribales et climat extrême. Ils possèdent une forte dimension spirituelle proche du soufisme. Le Gourara étant un carrefour de cultures arabes, berbères et africaine, l'Ahellil en a été fortement influencé et l'on peut le percevoir en écoutant ses chants.

La plupart des longs poèmes ont disparu et aujourd'hui pour préserver et perdurer sa transmission, l'Ahelllil, est enseigné aux jeunes générations. Les femmes ont contribué à sa sauvegarde, car ce sont elles qui ont davantage mémorisé ces poèmes, ce qui fait d'elles les gardiennes de la mémoire collective. Elles se sont d'ailleurs emparées de ce patrimoine en participant à ce festival, formant leurs propres groupes ou en se mélangeant à ceux des hommes.

Le festival d'Ahellil connaît aujourd'hui un fort engouement public, se déroulant pendant les vacances de fin d'année, il attire de nombreux spectateurs venus de différentes régions du pays et de l'étranger. Il permet aux locaux de redécouvrir leur patrimoine, de se le réapproprier et de prouver leur attachement à leur culture zénète et à leur territoire ancestral.

Le territoire comme cible et guide pour l'action économique à l'ère d'Internet

Alain Bienaymé, Professeur Émérite,
Université Paris Dauphine

Aux yeux des Français le territoire fait figure de grand oublié. Son « retour » en grâce récent exprime le souhait que l'État prenne en considération les réalités du terrain et tiennent mieux compte de la diversité des aspirations des habitants là où elles se manifestent. Or, aux yeux de l'État, le territoire est d'abord une entité de nature politique[2]. Tout territoire délimité implique en effet la présence de territoires avoisinants. Une nation aux « frontières sûres et reconnues » découpe son espace géographique en départements ou en États fédérés selon ses choix politiques. L'État aménage leur coexistence afin d'assurer la cohésion de l'ensemble. L'identité nationale se paie au prix d'une certaine uniformité administrative. Telle est, vue de haut, notre conception jacobine du territoire. Dans cette vision les territoires sont étudiés sous l'angle de la décentralisation, des inégalités territoriales et du séparatisme des provinces (Davezies).

Pour autant, nos territoires comportent aussi une dimension économique du fait de leur exposition à la concurrence internationale et d'une révolution numérique menée tambour battant loin de chez nous par les GAFAM. Cette ouverture au grand large est parfois jugée intrusive, abstraite. De plus, les réseaux sociaux rassemblent des

[2] Ainsi, la loi du 22 décembre 1789 (article 1) annonça la » nouvelle division du royaume en départements tant pour la représentation que pour l'administration ».

audiences transfrontières indépendantes des autorités nationales (Luckett & Casey). Dans ce monde turbulent et anxiogène les territoires peuvent-ils alors constituer des îlots de stabilité, voire de recréation ?

Vu sous cet angle le territoire est en fait une notion à géométrie variable ouverte aux micro - régions et terroirs formant la substance du pays. Dans ce second sens, moins exclusivement politique, plus proche des acteurs de terrain, celui que nous retiendrons ici, le territoire s'impose par la variété des sites naturels et des lieux de vie, les liens de proximité, la quotidienneté des contacts humains (Magnaghi). Autant de caractéristiques auxquelles les moyens de communication modernes donnent leur saveur. Car la variété et l'identité des territoires entendus en ce sens aiguisent la curiosité et le besoin de s'informer.

Dans ce qui suit, le territoire devient un espace qui capte l'attention par son originalité ; ce qui en fait une cible pour l'action économique et met en lumière le rôle des signes qui, venus de la base, informent les décideurs et sont susceptibles de guider leurs choix. Ces cibles sur lesquelles se concentre le regard des internautes jouent des rôles différents selon l'acteur principal, qu'il soit syndicat de producteurs, administration publique ou entreprise multinationale. Nous en proposons trois illustrations : les appellations d'origine protégée, les stratégies de géomarketing d'un groupe industriel et dans un autre ordre d'idées et d'action : les bassins d'emploi.

Les appellations d'origine protégée (AOP) et l'information comme instrument de promotion du produit.

Tout producteur exposé à la concurrence cherche naturellement à faire valoir l'originalité de son produit par rapport à la concurrence. À cette fin, les AOP, les IGP[3] et les marques sont toutes des signes distinctifs de démarches de qualité, valorisables et protégeables contre les imitations et les usurpateurs. Les AOP font explicitement référence à une aire géographique délimitée allant de petits terroirs parcellaires pour nombre d'AOP à de grands ensembles pour les IGP et les AOP régionales (Bordeaux[4], Champagne, ...). La mention AOP figurant sur les produits agricoles et de la mer et les denrées alimentaires consacre des usages locaux, loyaux et constants. Un vin, un fromage ou un légume AOP doivent leur originalité à un territoire et à un savoir-faire constaté, reconnu et contrôlé régulièrement. Ceci vaut pour toutes les phases de l'évolution du produit : production, transformation, élaboration. La formule « ici, nulle part ailleurs » exprime clairement ce que les particularités du produit doivent à son origine. Pour un produit sous IGP de façon moins restrictive, l'origine géographique peut se limiter à sa dernière transformation substantielle (Jambon de Bayonne) quand le savoir-faire d'élaboration finale est déterminant pour conférer au produit sa notoriété. La notoriété du produit AOP ou IGP peut rejaillir sur les activités de leur territoire et engendrer une vraie dynamique : les exemples ne manquent pas en viticulture. Les fromages AOP jouent dans les régions difficiles de montagne un rôle clé pour fixer les populations,

---

[3] Les AOC créées en France par un décret-loi de 1935 ont intégré la réglementation européenne sous le vocable appellations d'origine protégée (AOP). S'y ajoutent les indications géographiques protégées créées en 1992 (IGP). AOP et IGP sont depuis 2006 régies selon les règles des Indications géographiques, définies dans les Accords relatifs aux Droits de la Propriété Intellectuelle ayant trait au Commerce (ADPIC) de l'OMC.

[4] L'AOP Bordeaux la plus étendue comprend 57 AOP dont 37 parmi les plus prestigieuses.

permettant une rémunération du lait très supérieure à celles des régions de plaine.

Les AOP appartiennent en premier à la nation, mais aussi à l'Union européenne qui les reconnaît. Elles relèvent du droit public. Ce qui les distingue fondamentalement des marques. Ainsi l'Institut Nationale de l'Origine et de la qualité[5] est un établissement public. Il a la mission d'abord de reconnaître les AOP-IGP, d'en établir les cahiers des charges et les modalités de leur contrôle après enquêtes publiques. Ses missions sont très larges : protection juridique des AOP-IGP en France et à l'international grâce à un puissant réseau d'avocats, protection des aires délimitées des terroirs et informations auprès du grand public sur la politique des démarches officielles d'origine et de qualité. C'est une institution exceptionnelle en droit administratif en France : fondée en 1935, elle est la seule dont les décisions s'imposent aux autorités gouvernementales qui ne peuvent pas les modifier, mais seulement y opposer un « *veto* ». Ses décisions sont prises par ses Comités nationaux composés d'experts issus des « terroirs », du négoce, de la consommation, de scientifiques et de l'Administration. Les cahiers des charges sont très détaillés ; les producteurs se sont engagés librement à en respecter les exigences et à se soumettre aux contrôles. Ils garantissent aux consommateurs un mode de production authentique ; les qualités du produit sont dues à son milieu géographique comprenant des facteurs naturels et humains. C'est une garantie officielle de démarche de qualité offerte au consommateur, le processus de production étant « transparent » de par le caractère public des cahiers des

[5] INAO, initiales conservées de l'ancien Institut des appellations d'origine dont il est la continuité.

charges. Les tromperies sur la marchandise sont sanctionnées comme « délit » par les tribunaux correctionnels. Pour autant, si le consommateur d'un vin AOP est assuré de son origine et de son processus de production, il reste libre d'apprécier si le millésime qu'il déguste est conforme à son goût et à ses attentes.

Le terroir distingué par une AOP, en raison des propriétés de son climat, de son sol, des plantes ou animaux utilisés et du savoir-faire des producteurs, consacre une renommée souvent séculaire dont ceux-ci profitent avec le territoire environnant. Mais, notamment pour les vins, l'AOP ne fait-elle pas profiter le club restreint des viticulteurs d'une rente indue de position monopolistique, plus qu'elle n'informe le consommateur (Stanziani) ? En réalité, les viticulteurs sont soumis aux aléas climatiques, leurs talents sont contrôlés, ils ont une réputation collective à défendre dans le cadre de leur organisation de défense et de gestion de l'AOP. Ils livrent leurs produits sur un marché mondial libre, ouvert à la concurrence d'autres vins : les États ne font que protéger et contrôler le bon usage de leur appellation justifiée au regard des exigences internationales du libre commerce (OMC).

Tandis que les AOP gèrent collectivement un patrimoine d'intérêt général, les marques relèvent de la liberté individuelle d'entreprendre. Alors qu'une AOP est inaliénable, immuable, non dé-localisable, les marques créées par leur vendeur naissent, vivent, se vendent au gré de leur propriétaire, ou meurent. Qu'elles soient ou non liées à un domaine (château, clos, moulin…), ces marques commerciales sont du ressort du droit privé[6]. Diverses

---

[6] L'AOC Champagne est unique et ne contient que des marques individuelles.

raisons incitent le producteur à créer une marque ; il souhaite faire savoir qu'il est responsable d'un terroir circonscrit à l'intérieur son AOP d'appartenance; s'il possède une surface importante et entend être présent dans un grand nombre de pays, il sera encouragé à développer sa propre marque.

La part de la production de vins et spiritueux qui traversent les frontières avant d'atteindre leurs clients a doublé depuis 2000 pour s'élever à 43%, ce largement sous l'effet d'Internet qui a réduit les coûts de communication avec le public. Sur une consommation mondiale de vin de 270 m. hl en moyenne entre 1997 et 2010 qui a décliné quelque peu depuis (240 m. hl en 2015), la part des E.-U. et, pour le vin rouge haut de gamme celle de la Chine ont progressé. L'évolution du marché invite certains producteurs et négociants à adopter une stratégie industrielle du marketing de la demande, alors que nombre de viticulteurs d'AOP viscéralement attachés à leurs produits préfèrent vanter leur typicité et s'en tenir à une offre répondant à la curiosité d'une clientèle d'amateurs éclairés (marketing de l'offre). Soit deux visions contrastées du vin dans une société mondialisée que J. Nossiter a montrées en 2003 dans le film *Mondovino*. Producteurs et négociants se sont organisés en conséquence pour démontrer le savoir-faire des terroirs français à l'international. Avec 20% en valeur du commerce mondial, la France confirme sa première place depuis quarante ans. Et ce poste figure au deuxième rang dans nos exportations après l'industrie aéronautique[7].

L'avènement d'Internet et du web 2.0. modifie sensiblement la circulation des informations sur ce

---

[7] Le vin occupe 3% des surfaces agricoles françaises et représente 15% de la valeur de la production agricole.

marché. Dans l'univers de l'œnologie, la singularité et la subtilité des produits font leur charme, mais aussi leur complexité. Une complexité que les procédés de dégustation s'efforcent d'éclairer. Pour mettre en valeur les qualités des grands crus dans cet univers très hiérarchisé, particulièrement les bordeaux, certains organes de presse ont lancé des plateformes numériques qui sont très fréquentées. Les informations recueillies auprès de plusieurs centaines de milliers de visiteurs, les commentaires d'internautes connectés sur Facebook et par Tweets font entrer les producteurs dans un monde différent de celui que quelques experts dominaient. Cette « fabrique de la réputation » n'est pas sans défaut (faux avis, minorités actives dominant la majorité des évaluations) (Cardon). Le flux incessant d'informations de toute provenance s'accorde mal avec le nombre d'années requis pour qu'un vin d'AO parvienne à maturité. Devant les classements des marques qui se fondent sur leur notoriété digitale, la réaction des producteurs semble pour le moment moins élaborée (Chauvin)[8].

Du fait d'Internet la notoriété internationale des AOP, essentiellement les vins et eaux de vie, rejaillit sur la valeur foncière des vignobles. Ce qui est devenu un sujet d'inquiétude pour l'avenir patrimonial des exploitations familiales, car les règles de succession en vigueur ne prévoient pas de protéger le savoir-faire ancestral des producteurs de nos terroirs. Or, on peut penser que nombre de propriétés de grands crus tant en Bourgogne qu'en Bordelais seront au fil des successions rachetées par des investisseurs institutionnels internationaux.

---

[8] On consultera « *L'Écho du CNIV* », mars 2017 pour le E-commerce du vin.

Une conclusion s'impose : à l'ère numérique, n'oublions ni l'ancrage territorial des AO ni leur renommée internationale. Leur richesse est non seulement économique, mais culturelle. L'amour du producteur pour son produit transparaît dans celui-ci. Mais cette richesse est vulnérable[9]

Le géomarketing dans l'industrie du luxe

Dissipons d'emblée une source de confusion. L'attractivité des AO et des bassins d'emploi relève du marketing territorial et des politiques publiques. **Le géomarketing** est un instrument d'aide à la décision stratégique des entreprises de tout secteur d'activité qu'elles déploient leur puissance commerciale à travers leur réseau de distribution ou délimitent une zone d'exclusivité au profit de leurs franchisés. Son objectif est d'optimiser les performances du réseau en s'appuyant sur des bases de données locales et cruciales : espace pertinent, données démographiques et socio-économiques, analyse de la concurrence). Les spécialistes accompagnent l'essor des réseaux de vente en fonction du potentiel de développement local. Ils emploient les techniques de géolocalisation pour adapter les offres de produits à la demande locale.

« *Think globally, Act locally* ». Cette devise à la paternité nombreuse inspire l'action des groupes multinationaux. Au sens strict l'industrie du luxe s'adresse à une clientèle internationale très riche qui représente une infime minorité dans chaque pays. Ce secteur dont la France possède de brillants fleurons vise d'autant plus

---

[9] Je remercie MM. J. Agostini et F. Roncin dont les remarques m'ont permis d'améliorer cette partie du texte.

volontiers la clientèle étrangère que les ventes s'y développent plus vite qu'en France.

Le produit de luxe a perdu le monopole de la cherté. Les produits premium et haut de gamme pratiqués par certains parfumeurs ou constructeurs d'automobiles ne sont pas pour autant des biens de luxe au sens rigoureux du terme. Dans l'esprit des consommateurs, le luxe revêt une bonne quinzaine de significations. Citons parmi celles qui comptent le plus, la beauté, l'excellence, la créativité (Bastien & Kapferer). Les satisfactions ressenties à l'achat, à l'usage ou à la simple possession d'un bien de luxe diffèrent selon les lieux. Leur importance varie avec les cultures nationales.

L'attitude à l'égard du luxe dépend en effet du rapport à l'histoire et à la richesse. Il fut un temps où pour un large échantillon d'adeptes le luxe correspondait à un art de vivre, à des valeurs immatérielles telles que la maîtrise du temps, la vastitude, le silence (Paquot). De son côté, le géomarketing pratiqué par l'industrie du luxe concentre son action sur des objets matériels. Par conséquent il prend en compte la variété des rapports à la richesse. Ainsi, les Français pratiquent le luxe discret des connaisseurs. Le Japonais apprécie la dimension artistique des objets de luxe. En Inde les vendeurs de produits de luxe doivent éduquer leurs clients, leur expliquer les raisons des prix demandés. Dans les pays émergents, le luxe ostentatoire est signe de réussite sociale.

La Chine offre un exemple marquant de géomarketing des biens de luxe tant à l'échelle du pays qu'à celui des villes. Ce pays aborde depuis 2008 une ère nouvelle : croissance ralentie, aspirations sociales nouvelles stimulées par Internet, transition politique. La croisade anti-corruption sonne la fin de l'Eldorado, mais affecte plus les ventes que l'image des marques de luxe. Pour mieux anticiper l'évolution du marché, quatre catégories de clients sont interrogées sur leurs motivations : les fonctionnaires, les entrepreneurs de la première et deuxième génération, les cadres. La clientèle s'informe sur Internet ; les smartphones sont les plus utilisés faute d'autres médias compétents. Le réseau WeChat reçoit 450 millions d'utilisateurs actifs par mois. La stratégie du groupe industriel concerné repose en outre sur une segmentation des produits par nature (montres, joaillerie, accessoires) à laquelle s'ajoute une typologie par signification (potlatch, trophée, luxe civilisé, niche pour élite) (Richemont marketing services).

Avec une documentation très poussée, nourrie par un nombre considérable de données et des interviews menées sur le terrain, l'étude précitée distingue trois niveaux de villes : les cinq plus peuplées (de 8 à 27 millions d'habitants), les quatre en plus forte croissance, et un troisième étage. Leurs marchés respectifs sont d'inégale maturité et leurs caractéristiques commandent le choix des magasins de détail, des méthodes de vente et des produits offerts. On voit ainsi la clientèle chinoise progresser dans ses achats vers plus de discrétion et de raffinement depuis dix ans.

Sur les marchés occidentaux, la stratégie peut aller jusqu'à pister la clientèle dans leurs transhumances touristiques habituelles, entre ski, yacht et villes de légende. Le terroir est aussi lieu de nomadisme.

Plusieurs points communs unissent les appellations d'origine, les bassins d'emploi, le géomarketing. Dans chaque cas, les comportements des acteurs animant un espace donné sont minutieusement observés. Les outils de collecte et de traitement des informations [10] et de

[10] Capteurs, satellites, photos… La numérisation des données facilite les recherches sur le vieillissement des vignobles et les effets du réchauffement climatique.

communication dont disposent les observateurs permettent de concentrer et d'affiner le diagnostic porté sur la singularité des territoires. Le langage numérique décrit de manière quasi exhaustive les objets observés, leurs attributs et leurs performances, c'est- à -dire tout ce qui différencie les biens les uns vis-à-vis des autres (Lancaster). Ces particularités sont en lien avec la culture professionnelle du territoire de production et avec les attentes de la clientèle visée. L'exploitation des données permet de multiplier les regards, les analyses, les comparaisons dont le terroir, le terrain, le territoire font l'objet. Ces moyens apportent une aide à de multiples décisions : informations sur la typicité des produits, éclairage porté sur les conditions de vie des administrés, anticipation des tendances affectant des marchés particuliers.

L'attention portée à l'identité d'un territoire ne se traduit pas en instantanés figés. Les trois illustrations choisies connaissent des évolutions. Par exemple les techniques de la viticulture et de la vinification évoluent au gré des progrès de la biologie, des méthodes d'irrigation et de la chimie. La transformation des marchés émergents fait l'objet d'examens suivis. L'investissement dans les formations aux métiers du futur et dans les infrastructures de communication locales doit pouvoir tirer parti des atouts des populations sans pour autant figer les bassins d'emplois dans leurs frontières du présent. L'expression « tradition en marche » formulée autrefois par un grand connaisseur des AO vaut pour d'autres domaines. Elle montre que le goût des populations pour la variété des produits, des paysages, des monuments et des projets collectifs fait partie intégrante de ce que l'on appelle le développement d'une nation.

Bibliographie

Bastien V. & Kapferer J.-N. (2008), *Luxe oblige,* Eyrolles

Chauvin P.M. (2010), *Le marché des réputations, une sociologie du monde des vins de Bordeaux* édit. Féret

Davezies L. (2015), *Le nouvel égoïsme territorial : le grand malaise des nations,* Seuil

Lancaster K. (été 1990), « Economic analysis of product variety », *Marketing Science,* vol. 9, n°3

Paquot (2005), *Éloge du luxe, Utilité de l'inutile,* Bourin-éditeur

Richemont Marketing Services (May 2015), *Luxury in China. A new Normal Consumer Insights*

Stanziani A. (2013) : « Marques collectives : monopole ou signe de qualité ? », in Jean-Louis Multon, Henri Temple, Jean-Luc Viruéga (rds), *Traité pratique de droit alimentaire*, Paris, Lavoisier, 2013,pp. 533-571.

Partie II : La revendication territoriale

La révolte des minorités

Jean-Paul Lafrance, PhD, UQAM,
Chaire UNESCO-ITEN, Université Paris VIII[i]

Retour au territoire : La révolte des minorités nationales et l'appropriation de l'espace urbain et du temps de vivre

Dans l'histoire du monde, ce n'est pas la première fois que l'on assiste à des poussées mondialistes, qui identifient des civilisations historiques spécifiques. Tout un chacun peut associer la mondialisation aux conquêtes d'Alexandre le Grand, à l'Empire romain qui perdura pendant quatre siècles, à l'Empire byzantin de l'empereur Justinien, aux conquêtes musulmanes de la naissance de l'Islam au VIIème siècle jusqu'à l'Empire ottoman, de la civilisation de la Renaissance qui s'accompagne en Europe d'échanges maritimes par la ligue hanséatique en mer du Nord (de Londres à Lubeck), sans compter la puissance de la Chine en Extrême-Orient avec les expéditions de l'Amiral Zheng He qui atteignit l'Arabie et d'Afrique de l'Est. Le continent africain et l'Amérique du Sud ne furent pas épargnés par des puissances intégratrices qui ont créé des zones de contrôle administratif, commercial, culturel et religieux prospères (notamment les Mayas et les Incas). Dans leurs poussées mondialistes, de grandes figures emblématiques ont créé des territoires plus ou moins étendus, plus ou moins intégrés, plus ou moins éphémères. Ainsi, l'Empire romain a dominé le monde méditerranéen pendant plusieurs siècles en établissant la *Pax Romana* sur une grande variété de peuples, de religions et de cultures, établissant des territoires ouverts au commerce et créant une civilisation dite gréco-romaine.

Mais les peuples comme les hommes meurent un jour et sont remplacés par d'autres, en d'autres lieux, en d'autres temps... La révolution industrielle au 19e et 20e siècle, grâce à sa technologie innovatrice et intégrationniste, a permis à l'Europe et à l'Amérique du Nord de dominer le monde, et sa domination s'étendit pour la première fois dans l'histoire du monde à l'échelle de la Planète. La révolution numérique domine maintenant les esprits et les personnes, du réel et au virtuel, puisque l'ensemble de l'industrie culturelle mondiale est maintenant entre les mains d'énormes écosystèmes américano-chinoises [1], les GAFAM et les BAT [2]; la musique (par Spotify, Deezer et iTunes), les vidéos et les séries télévisées (par YouTube et Netflix), les appareils électroniques (par Apple, Samsung et Sony), les moteurs de recherche (par Google, Microsoft, Wikipédia et Baidu), les livres (par Apple, Amazon), les informations (par Tweeter et les grands réseaux de télévision), les jeux (par Microsoft, Nintendo, Sony et Tencent), l'*entertainment* en général, la conversation sociale (par Facebook et Tencent), le cybercommerce (par Amazon et Alibaba), les voyages (par Princeline, Trip Avisor et Booking), l'industrie du taxi et le transport de personnes et d'objets (par UBER et Lyft), la location des chambres d'hôtel (par Airbnb), etc. La très grande majorité de ces entreprises sont américaines, quelques-unes sont sud asiatiques. Avons-nous le choix maintenant de ne pas emprunter ces guichets de distribution pour avoir accès à notre nourriture culturelle de tous les jours ? Par ailleurs, le cybercommerce modèle l'espace des villes et est en train de vider les centres-villes de ses boutiques et de son commerce de proximité. Cette économie de services bouleverse d'anciennes industries et métiers en précarisant le travail et la sécurité financière de la moitié des travailleurs d'ici 20 ans.

À quand la réaction?

À quand le retour du balancier ? À quand le retour au territoire, face à la délocalisation tous azimuts et à l'ouverture pour plus de mondialisation? ... On sent de partout que la résistance s'organise. Dans plusieurs pays, en Europe et aux États-Unis (voir l'élection de Trump, notamment son *America first* et bien d'autres réactions identitaires dans la CE notamment), la classe moyenne et les travailleurs appauvris résistent à la délocalisation des entreprises dans les pays pauvres, là où les salaires sont bas, et la protection sociale inexistante; quant à l'industrie culturelle, elle est maintenant entre les mains des envahisseurs américains et bientôt chinois. Les citoyens ont l'impression, à tort ou à raison, que leur pays ne leur appartient plus. Par ailleurs, l'Afrique remonte vers le Nord, parce qu'étant donné l'ouverture des frontières et l'implantation d'internet partout sur la planète (un des bénéfices de la création du Réseau des réseaux), les Africains savent qu'on vit mieux ailleurs que chez eux, parce que la démocratie ne fonctionne vraiment pas là-bas. À chaque guerre, le flux migratoire s'organise, par exemple au Moyen-Orient en ce moment. Internet et Facebook (un milliard deux cents millions d'abonnés) n'ont pas seulement permis la libération de la parole en Occident, ils bouleversent aussi l'équilibre et la spécificité des nations et font prendre conscience aux individus de la précarité de leur sort et de l'injustice de la situation des bien nantis (5% de population). La révolte des classes moyennes en Occident prend souvent la forme de mouvements d'extrême droite, un retour vers un pays rêvé aux accents patriarcaux et autoritaires, sinon carrément xénophobes qui font peur. Pourtant, le retour au territoire peut être autre chose qu'une réaction viscérale à l'arrivée de l'Autre. On tentera de le démontrer plus loin.

Le retour au territoire

Qu'est-ce que le territoire ? C'est là où je vis, le *chez-moi* de tout chacun, là où je suis né, là où j'ai grandi et j'ai reçu mon éducation, là où sont encore les miens, là où je veux peut-être mourir auprès de mes ancêtres, bref *ma* maison, l'espace où je peux vivre en toute sécurité. Est-ce une image d'Épinal, à l'ère du numérique et de la mondialisation ? Encore faut-il appeler la distinction classique entre carte et territoire. La carte n'est pas le territoire, mais une représentation symbolique de l'espace. Mon territoire est l'espace où j'habite, qui m'est familier, que je revendique comme m'appartenant.

Dans « Récits d'espace [3] », Michel de Certeau considère *l'espace comme un lieu pratiqué.* Ainsi, la rue est géométriquement définie selon un urbanisme établie, mais transformée en espace par les marcheurs. Déjà Merleau-Ponty distinguait un espace géométrique (spatialité homogène et isotrope) d'une autre spatialité qu'il appelait un espace anthropologique. Toujours selon de Certeau, Linde et Labov deux anthropologues américains distinguaient la carte (*map*) du parcours (*tour*), la première tient du modèle, le deuxième de l'espace existentiel, celui que j'habite. Kant considérait l'espace (et le temps) comme des impératifs catégoriques, c'est-à-dire que l'on ne peut penser à quelque chose sans le situer dans un espace (et dans un temps) ; ils sont des formes *a priori* de notre sensibilité, c.-à-d. les structures de notre rapport à nous-mêmes et aux autres qui sont constitutives de notre sensibilité. Quand nous pensons au territoire, nous ne sommes pas dans l'espace virtuel, le cyberespace qui est du domaine de l'imaginaire et de la fiction. L'univers du jeu, par exemple, se situe dans un monde virtuel qui est régi par les règles qui sont définies par les concepteurs du jeu. Le virtuel est essentiel dans le domaine de la création artistique (cinéma, télévision, roman, BD, etc.); il permet d'imaginer des mondes qui *pourraient* exister et qui peuvent nous permettre de nous échapper de temps à autre de notre quotidien qui pèse parfois lourdement, mais qui en fait n'existent pas. Par contre, le territoire est un *art de faire* dans l'univers du quotidien, pour reprendre le titre de l'ouvrage phare de Michel de Certeau, une *manière de vivre* près du local, une façon de transformer le devenir de l'Homme, comme nous le verrons plus loin.

La reconnaissance du pays

Pierre-Elliot Trudeau, avant qu'il ne devienne premier ministre du Canada, s'était exprimé comme suit dans un texte de la revue québécoise Cité Libre en 1962, reproduit plus tard dans son livre *Le fédéralisme et la société canadienne-française* [4] : » L'histoire de la civilisation, c'est l'histoire de la subordination du *nationalisme tribal* à des appartenances plus larges. » Trudeau pensait qu'à long terme l'humanité, à partir de clans étroits refermés sur eux-mêmes, cheminait vers la constitution d'entités politiques plus larges. Tout au long de son règne à la tête du Canada, lui et le parti libéral n'eurent de cesse de combattre le mouvement indépendantiste québécois accusant les mouvements sécessionnistes de relent d'idéologie passéiste, raciale sinon raciste. Dans un discours prononcé devant les deux Chambres du Congrès américain, il aurait même employé l'expression « a *crime against the history of mankind* » (un crime contre l'histoire de l'humanité). Ce type d'arguments continue de se répéter un peu partout à travers le monde, surtout depuis que plusieurs mouvements extrémistes ont professé des idéologies identitaires violentes et créé des amalgames entre ces résurgences d'idéologies racistes, sinon nazies, et des mouvements politiques autonomistes légitimes.

En fait, il est réductionniste d'assimiler le nationalisme ou l'autonomisme à une attitude passéiste et romantique et les Empires à une pensée moderniste et progressiste. En ce moment, il est de bon ton de s'opposer à toutes modifications des frontières et à remettre en question l'intégrité des États-nations, au moment où plusieurs Nations sans États [5] réclament leur indépendance comme le Québec, la Catalogne, la Corse, l'Écosse, les Kurdistan, etc. Par ailleurs, il faut noter que plusieurs de ces *états* réclament plutôt l'autonomie dans certains secteurs comme l'éducation, la politique de la langue, l'immigration, la santé, les communications qui touche à la protection de leur identité. Il est de bon ton dans ces États-nations dominateurs de traiter tout mouvement autonomiste de séparatiste et de se lancer dans toutes sortes d'actions de « *nation building* » (en français de construction nationale ou de construction des structures étatiques) de nature marketing politique ou d'obstacles juridiques. Le mépris de l'ex-premier ministre canadien envers les visées dites tribales ou ethniques relève d'un colonialisme dominateur des missionnaires et des envahisseurs envoyés en Afrique et en Amérique depuis Christophe Colon pour évangéliser les tribus barbares et leur importer par la force « les bienfaits de la civilisation judéo-européenne ».

De tout temps, il a existé une tension entre des poussées intégrationnistes et des réactions libératrices du joug des grands empires. Selon Harari[11], « les empires ont été une des principales raisons de la forte réduction de la diversité humaine. Le rouleur compresseur a progressivement effacé les caractéristiques uniques de nombreux peuples de l'histoire ». Mais il n'y a pas de fatalisme au déroulement de l'histoire, ce que certains appellent *la flèche de l'histoire*. Il existe une triple issue à l'assimilation des peuples, soit : 1° la disparition pure et simple des nations minoritaires; 2° la désintégration des empires à court et à long terme; 3° l'intégration au niveau culturel (et souvent linguistique) d'éléments importants de la spécificité d'une nation minoritaire au grand ensemble dominant. Donnons comme exemple l'influence grecque dans la conquête romaine, devant permettre la création d'un des empires les plus importants en termes de durée et de territoires de l'histoire ; de sorte que l'on parle maintenant du monde gréco-romain pour souligner les apports considérables du pays de Démosthène et de Platon, pourtant vaincu militairement. Ainsi on parle du miracle québécois (une nation sans États) de 7 millions d'habitants noyés dans une mer de 300 millions d'anglophones et séparés de la « *mère patrie* » pendant 300 ans… Et il existe bien d'autres exceptions au sein de la grande Histoire.

Nous pensons que le retour au territoire devrait s'exercer en priorité en matière culturelle et linguistique par la protection de la langue maternelle qui est si intimement liée à la personne humaine, à l'éducation dans la langue originelle source de culture et de communication entre les *com-patriotes* (au sens littéral de mot). Que dire des revendications des peuples autochtones en Amérique,

---

[11] Yuval Noah Harari, *Sapiens : une brève histoire de l'humanité*, Albin Michel, 2015, p. 228.

en Afrique et en Australie ? Ces deux continents ont des centaines de langues encore pratiquées par plus ou moins de locuteurs, et sont en danger de disparaître dans les deux prochaines décennies. La langue est la dernière barrière avant l'extinction finale d'une multitude de civilisations comportant de grandes richesses culturelles, linguistiques, historiques et environnementales. Mais au Canada, aux États-Unis, en Amérique du Sud, ces peuples oubliés ressortent leurs traités ancestraux devant les tribunaux, n'acceptent plus que leurs territoires soient envahis par des entrepreneurs peu soucieux de l'environnement, que leurs langues ne soient plus apprises à l'école, que leurs espaces soient traversés de toutes parts par des pipelines, des routes transnationales, des barrages hydroélectriques, etc. La prochaine décennie devrait voir se multiplier les contestations juridiques, l'érection de barricades ou l'éclatement de révoltes. Les premières nations résistent de plus en plus aux projets gigantesques que les envahisseurs que nous sommes veulent implanter dans les territoires qu'ils revendiquent, sans payer les droits compensatoires ou le partage de pouvoirs. Le premier ministre du Canada Justin Trudeau vient de s'excuser publiquement (avec compensations financières conséquentes) d'avoir enlevé les enfants autochtones de leurs familles respectives (du milieu de XIXème siècle jusqu'au XXème siècle) pour les enfermer dans des pensionnats blancs, sous prétexte de les civiliser, et cela avec la complicité des Églises et des autorités politiques. À l'exemple de la contestation actuelle féministe et du harcèlement sexuel, le XIXème siècle sonnera le réveil des minorités autochtones au Canada, aux États-Unis (où cela est déjà commencé), dans les pays andins, en Afrique de l'Est. Et le mouvement s'étendra encore.

On sait quel dommage a créé la langue américaine (appelée par certains *globish*, formée des mots global et british), devenue la langue universelle d'internet, qui a accentué l'acculturation [7] des cultures originales; il est important de constater que le bi- ou le multilinguisme doit se greffer sur une culture première solide pour éviter tout phénomène de confusion et de déliquescence intellectuelle. Dans un pays, tous les citoyens ne peuvent pas devenir bilingues, et mieux vaut parler une langue convenablement qu'en *jargonner* plusieurs autres péniblement. La langue d'internet est une langue instrumentale, au rythme syncopé, faite d'injonctions et d'approbations, langue orale pour ainsi dire bourrée de « j'aime » et d'émoticônes, une langue pauvre et culturellement affaiblie. Comment peut-on réfléchir en 140 caractères avec *tweeter* ! Le président Trump, lui, réussit, paraît-il !

Comment se sont constitués les États-nations depuis un siècle ou deux ? En faisant disparaître, souvent par la force, toute pratique de la langue et de la religion, toute trace de culture populaire; elles se sont construites sur une culture majoritaire, une administration centrale et une aire de commerce libre de toutes entraves. L'Afrique et le Moyen-Orient ont été divisés arbitrairement en pays, faisant fi de toute spécificité linguistique, ethnique et culturelle selon le bon vouloir et l'intérêt des pays colonisateurs. Par des guerres d'envahissement, des annexions et des traités félons, la France, l'Espagne, la Russie et bien d'autres États-nations se sont constitués sur les restes de pays conquis, meurtris ou détruits. La fragilisation des cultures nationales et linguistiques préparait la grande victoire de la révolution industrielle et ouvrait toute grande la porte au numérique internationaliste. Ceux qui ont survécu au rouleau compresseur du colonialisme ou à l'extermination culturelle méritent bien maintenant une autonomie libératrice et une reconnaissance internationale. Voilà pourquoi il est nécessaire que les produits culturels ne soient pas soumis aux lois implacables du marché (américain en fait), que tous les pays bénéficient d'une exception culturelle (en conformité avec les propositions de l'UNESCO, la culture n'étant pas une marchandise comme les autres), que l'on protège les arts, le cinéma et les télévisions nationales, l'information locale, la création dans tous les domaines. Chaque culture a sa spécificité, elle est modelée par le territoire, la géographie, le climat, l'histoire, le passé, les mythes et la religiosité. On ne soulignera jamais assez comment le numérique a modelé toutes les expressions artistiques et culturelles selon le même format (le format américano-occidental) ; il n'existera bientôt plus de produits culturels qui ne soient pas numérisés et qui n'emprunteront pas les circuits de distribution des gigantesques écosystèmes sino-américains.

Le *glocal*

Le retour au territoire ne signifie pas le refus de l'Autre, ni l'enfermement frileux à l'intérieur de ses frontières propres, entourées de murs de plus en plus hauts et impénétrables. Il existe un concept intéressant, le *glocal*, mot-valise franglais intégrant globalisation /localisation, emprunté au vocabulaire du marketing qui identifie les entreprises qui ont une stratégie mondiale, mais la mettent en œuvre en faisant une adaptation aux conditions locales. On peut donner au mot *glocal* plusieurs sens. Les Anglais disent: *think global, act local* (penser global, agir local). C'est un mouvement de culture alternatif qui consiste en une personnalisation, une adaptation des biens industrialisés et les produits culturels par les utilisateurs eux-mêmes. À l'origine, le terme provient du concept japonais *Dochakuka* -

techniques pour cultiver la terre en s'adaptant aux conditions locales. Pour certains, c'est une globalisation autolimitée, voire régulée grâce à des outils de collaboration sociétaux qui s'adaptent, voire même s'organisent autour de pratiques locales. C'est sans doute son premier rôle: agir par la connaissance d'un milieu sur un environnement diversifié. Au niveau culturel, il faut bien savoir que tout artiste part d'une situation personnelle (local) pour faire une œuvre originale qui peut avoir une portée régionale, nationale et même internationale. Le meilleur exemple est l'œuvre du Québécois Michel Tremblay qui, en 40 romans et pièces de théâtre, décrit l'histoire de sa famille et de son tout petit milieu du Plateau Mont-Royal (à Montréal). Chaque pays peut donner des dizaines d'exemples de ce type. Le véritable créateur produit à partir de son vécu personnel, mais il rejoint un public international quand il réussit à donner une portée humaine à son discours personnel.

Le Cirque du Soleil, né dans la petite ville de Baie St-Paul, près de Québec, par des troubadours échassiers et cracheurs de feu, a renouvelé les techniques du cirque en remplaçant les animaux par des humains acrobates et a acquis une réputation internationale, le cirque étant à l'origine loin d'être une spécialité québécoise... La musique populaire contemporaine a été régénérée par les rythmes africains et noirs. La multinationale Bombardier a d'abord fabriqué des motoneiges appelées *skidoo* (à l'origine *snowmobile*), un petit véhicule motorisé mû à l'aide d'une ou deux chenilles et équipé de skis pour la direction et capable de se diriger en dehors des routes. Qui pouvait mieux qu'Armand Bombardier, petit mécanicien de Valcourt (au Québec), pour comprendre la nécessité de voyager sur les immenses champs de neige canadiens autrement qu'avec un traîneau à chiens. C'était une nécessité pour voyager l'hiver, c'est devenu un loisir et un sport. En 50 ans, il en a fabriqué et vendu des centaines de milliers partout à travers le monde, puis toutes sortes de véhicules tout terrain, des wagons de train, des avions, etc. C'est un exemple parmi bien d'autres de fabrication locale et de distribution internationale.

La culture actuelle issue du numérique n'est pas une culture et une civilisation mondiales, elle est une culture américaine, produite par les écosystèmes américains et distribuée au niveau mondial, dont les bénéfices profitent essentiellement aux entreprises américaines.

Du multiculturalisme à l'interculturalisme

Ce que l'on a appelé la crise migratoire (et non l'immigration en général qui a toujours existé) est un phénomène nouveau qui crée une pression énorme sur la stabilité des pays. Le stress est d'autant plus important si le pays est en proie à un chômage inhabituel (plus de 10%) ou à une situation d'endettement grandissant. Il ne s'agit pas seulement d'accueillir une masse plus ou moins importante d'immigrants, mais il faut savoir les intégrer, sinon les citoyens ont l'impression que l'immigration se fait à leurs dépens en précarisant leurs conditions de vie et de travail. D'où cette réaction de repli sur des valeurs traditionalistes et sur des comportements xénophobes, entretenus par des autorités politiques et religieuses inconscientes et mal intentionnées. Mais se réapproprier son pays ne signifie pas s'enfermer hermétiquement à l'intérieur de ses frontières.

La ville au centre au processus du retour au territoire

Dans 20 ans, 80% des citoyens du monde habiteront les villes. Les villes ont en train de se redessiner, les citoyens veulent habiter la ville, non plus seulement venir travailler en ville et retourner le soir dans leur banlieue. Les centres-villes commencent lentement à expulser l'automobile qui pollue, encombre l'espace et étouffe la vie. Phénomène très significatif, puisque l'automobile a été la découverte phare de la révolution industrielle du type fordiste. Les jeunes ne rêvent plus de posséder en priorité cette machine lourde et encombrante, mais préfèrent investir dans le *smartphone* et la communication. Le transport en commun revient en force, la ville *s'enjardine*, elle veut reverdir ses toits et ses parcs, créer des jardins communautaires et des espaces verts dans ses friches industrielles, réaménager les rives de ses fleuves et rivières. Les gens veulent marcher la ville, les trottoirs s'agrandissent, l'espace dédié à l'automobile rétrécit, les vélos gagnent sur le transport automobile. Les villes deviennent accueillantes avec leur mobilier [12] urbain adapté, qui sert à s'asseoir, relaxer, flâner. La ville doit devenir intelligente en ce sens qu'on doit partager l'information pour mieux partager l'espace.

Le *footing* et le *jogging* redeviennent à la mode, ainsi que les marathons de ville. Les citoyens désirent des marchés alimentaires à distance raisonnable, les citoyens veulent manger autrement et plus sainement. Les villes se sectionnent en unités d'habitation et de vie (avec écoles, parcs et centres communautaires), au lieu de déployer à l'infini une suite de petits pavillons et de grosses maisons, appelés au Québec des *mc châteaux* [13]. Les villes nord-américaines veulent emprunter le modèle européen, les cafés et les lieux de rencontre se multiplient, les rues piétonnes aussi et les spectacles de rues. Montréal programme des festivals en plein air les trois mois d'été et un mois l'hiver, comme de nombreuses villes d'Europe. Paris a même sa plage sur les bords de la Seine. Les villes américaines s'européanisent, le modèle Los Angeles, ville gigantesque qui s'étend à l'infini et est essentiellement dédiée à l'automobile, ne fait plus recette. Ainsi, plusieurs villes actuelles avec ces heures de pointe interminables ne sont plus que des espaces de transit qu'on fuit après les heures de travail; le télétravail décentralisé prend de l'expansion. En un mot, architectes et paysagistes repensent l'occupation du territoire urbain pour faire de la ville un milieu de vie et non pas un poulailler pour entasser le plus de monde possible.

Les citoyens veulent autre chose que le caricatural métro/boulot/dodo, ils veulent gagner du temps de vie, se réapproprier leur vie individuelle, familiale et communautaire. Les citoyens désirent travailler moins, la conciliation travail/famille devient au Canada un thème important de campagne électorale. L'accent est mis sur la famille, quoique la définition de celle-ci change radicalement. L'unité familiale redessinée revient en force comme milieu de vie, le *cocooning*, la cuisine, la décoration intérieure sont les tendances autoproclamées par la consultante américaine en marketing Faith Popcorn pour prédire les nouvelles façons de vivre dans la décennie à venir. À voir le nombre de programmes télé et de livres de recettes qui se produisent chaque année, on peut facilement affirmer que la cuisine industrielle connaîtra un recul. Les aliments bio tentent de redéfinir l'agriculture industrielle, le *fooding* ou le *slow food* font des percées, c'est tout un style de vie qui s'implante lentement dans les cuisines où l'on fait autre chose que de réchauffer des mets congelés. Un tel modèle d'habitat social et collectif peut paraître idyllique ou n'être possible que dans les pays riches, mais il faut bien se rendre compte que des nombreux pays vivent, peut-être modestement, dans des environnements conviviaux et des milieux humains plus acceptables que ceux de nos villes modernes surpeuplés comme des parcs à bestiaux. Les citadins peuvent-ils gagner du temps pour vivre autrement, cette société des loisirs qu'on leur promet depuis un siècle ? Les NTIC peuvent décharger l'humanité de plusieurs tâches harassantes et répétitives, réduire leur temps de travail (de 40h/semaine, à 35h, à 30h, à 25h sinon à 20h), à condition que la nouvelle technologie ne serve pas à enrichir seulement le 1% des plus riches [14].

En conclusion, il est important de souligner que le retour au local ne signifie pas qu'il faille détruire la technologie numérique et les bienfaits qu'elle peut nous importer. Il faut simplement et impérativement empêcher qu'un petit nombre d'entreprises et d'individus rapaces s'accaparent des bénéfices créés par le numérique. Il faut regagner notre *espace vital* qui est de plus en plus encombré par toute une série de machines et de gadgets que nous vend une société consumériste et productiviste poussée par un marketing personnalisé. Il faut récupérer *un temps de vivre* que nous avons perdu depuis que notre travail et nos loisirs sont inféodés au rythme infernal de la machine productiviste qui veut combler tous les interstices de notre existence. La ville que nous habitons tous doit être un milieu de vie et non un lieu encombré par une circulation automobile que nous quittons exténués et esseulés le plus rapidement après les heures de travail. Vivre localement, c'est habiter notre pays, partager notre territoire avec les nôtres et les Autres, avoir du temps libre pour nous épanouir. Habiter notre territoire est un marqueur de notre identité citoyenne.

Bibliographie

Bouchard Gérard (2012), *l'interculturalisme, du point de vue québécois*, Montréal, Boréal compact 273.

De Certeau Michel (1990), *l'invention du quotidien, 1. L'art de faire*, Paris,folio/essais, Gallimard.

Lafrance J.P. (2016), *les 100 notions de la société numérique*, Paris, éd. de l'immatériel .

Lafrance J.P. (2017), *Et si on y mettait de l'humanisme et de la spiritualité dans notre civilisation numérique*, Paris, L'Harmattan.

Mucchielli A. et R. (1969), *Lexique de la psychologie*, Paris, Éditions sociales françaises.

Schnapper Dominique (2007), *Qu'est-ce que l'intégration ?* Paris, Gallimard, Folio actuel.

Trudeau P.E. (1968), *le fédéralisme et la société canadienne-française*, Montréal, éditions HMH.

Notes

[1] J.P. Lafrance (2016), *Les 100 notions de la société numérique*, éd. de l'Immatériel, Paris.

[2] Les GAFAM sont Google, Amazon, Facebook, Apple et Microsoft, les BAT sont Baidu, Alibaba et Tencent.

[3] Michel de Certeau (1990), *l'invention du quotidien, 1. L'art de faire*, Paris,folio/essais, Gallimard, p. 173.

[4] P.E. Trudeau (1968), *le fédéralisme et la société canadienne-française*, Montréal, éditions HMH, 227pp.

[5] Les nations sans État sont des communautés humaines qui, quoique possédant des caractéristiques culturelles ou identitaires associées habituellement à une nation, ne disposent pas d'un État propre. Dans beaucoup de cas, elles ne sont pas reconnues officiellement comme des communautés différentes des collectivités dominantes.

[6] Selon Wikipédia, le *globish* (mot-valise combinant global, planétaire et English, anglais) est une version simplifiée de l'anglais n'utilisant que les mots et les expressions les plus communs de cette langue. C'est le jargon utilisé par des locuteurs de diverses autres langues quand ils veulent communiquer en anglais. Parfois appelée aussi *broken english* (anglais hésitant, « mauvais anglais ») ou «anglais d'aéroport».

[7] Selon Roger Mucchielli (*Lexique de la psychologie*, Éditions sociales françaises, Paris, 1969), l'acculturation entraine des modifications qui se produisent dans un groupe culturel [concernant la manière d'agir, de percevoir, de juger, de travailler, de penser, de parler] par suite du contact permanent avec un groupe (généralement plus large) appartenant à une autre culture.

[8] Dominique Schnapper, *Qu'est-ce que l'intégration ?* Gallimard, Folio actuel, 2007.

[9] Gérard Bouchard, *l'interculturalisme, du point de vue québécois*, Montréal, Boréal compact 273, 2012.

[10] Il faut dire que le gouvernement actuel n'a pas encore donné suite aux 37 recommandations qui font encore l'objet de discussion à l'heure d'aujourd'hui (décembre 2017).

[11] Le communautarisme est un terme sociopolitique désignant les attitudes ou les aspirations de minorités (culturelles, religieuses, ethniques...) visant à se différencier volontairement, pour s'entraider, voire pour se dissocier du reste de la société d'adoption (définition de Wikipédia).

[12] Remarquons le mot *mobilier*, autrefois employé uniquement pour la maison. La ville, le quartier, c'est ma maison.

[13] Demeures unifamiliales de prestige, en général en pierre de taille, avec un ou deux garages incorporés, sorte de *McDonald* de l'habitation pour nouveaux riches.

[14] J.P. Lafrance (2017), *Et si on y mettait de l'humanisme et de la spiritualité dans notre civilisation numérique*, Paris. L'Harmattan.

Le retour de l'amazighité : l'enjeu du territoire

Fathallah Daghmi, Laboratoire Migrinter, CNRS Poitiers

Nous visons dans cette contribution de comprendre la portée de la référence au territoire, dans les discours des médias traditionnels et nouveaux, comme symbole d'identité et essence de la revendication, de ses logiques et de ses enjeux. Nous avons choisi de penser cet objet de recherche par le prisme des enjeux de la mobilisation sociopolitique autour de la question amazighe. Notre hypothèse va dans le sens d'un retour du territoire comme origine, en l'occurrence l'Afrique du Nord, moins au sens matériel qu'au sens symbolique. Certes la revendication peut avoir comme origine une question d'identité territoriale, mais la symbolique empruntée convoque l'histoire, la culture, la langue et les pratiques du quotidien comme supports du mouvement amazigh et fondements de sa logique identitaire dans une sorte d'interactionnisme goffmanien.

À partir du cas amazigh marocain nous espérons mettre en évidence une logique territoriale et identitaire telle qu'elle ressort des pratiques médiatiques au Maghreb. Par conséquent, nous nous intéressons dans ce chapitre aux offres médiatiques et pratiques des publics notamment autour de la question amazighe et montrerons à travers une analyse de contenu les modes d'usages et d'appropriation des TIC en contexte de changement sociopolitique.

Partant des différents contextes sociopolitiques et numériques, nous nous sommes penchés sur l'analyse du rôle joué par les TIC dans la mobilisation autour de la question amazighe et cela en marge des soulèvements arabes. Peut-on lire dans les offres médiatiques et les usages des publics comme vecteur de mobilisation des Amazighs, révélateur d'une nouvelle symbolique territoriale ? Dans quel sens cette symbolique est-elle manifeste derrière les logiques identitaires sur le plan social, culturel, économique et politique ?

Afin de caractériser cette symbolique du territoire, nous abordons les liens entre publics, pratiques médiatiques et engagement sociopolitique en portant un intérêt particulier au « soulèvement » amazigh au Maghreb. Certes, les revendications sociopolitiques et identitaires amazighes sont antérieures à l'arrivée et l'usage des TIC tout comme le militantisme politique autour de la question amazighe, dont les premières initiatives, remontent aux années 1960. Cependant, l'arrivée des médias traditionnels régionaux ainsi que les TIC allait donner une nouvelle orientation à la question amazighe avec un retour à la symbolique territoriale.

Disons d'ores et déjà que nous n'emprunterons pas la voie des défenseurs du rôle crucial des TIC dans l'aboutissement des processus de changement politique plus visibles en Tunisie qu'ailleurs au Maghreb. Une telle posture est critiquable pour diverses raisons liées aux contextes historiques, sociaux, politiques et technologiques de chacune des régions analysées lors des différentes enquêtes de terrain depuis 2011 (entre autres Mattelart, Ferjani, 2011 ; Liénard, Zlitni, 2012 ; Lafrance, Ben Nablia, 2012). Ainsi, l'apport des TIC est à nuancer compte tenu de plusieurs arguments : habitude de consommation des médias qui révèlent l'importance de la télévision (des chaînes du Moyen-Orient notamment Al Jazeera), le taux d'équipement en technologie, l'analphabétisme, les disparités régionales, etc. Toutefois, les TIC ont amplifié les possibilités de mobilisation et d'action citoyenne (Proulx, 2015), entre autres en raison de la massification du partage des informations, des potentialités d'organisation des délibérations, de la mobilisation autour des manifestations sur le terrain (Ben Saad-Dusseau, 2013). Elles illustrent également l'évolution des pratiques culturelles des publics (Merah, Gellereau, Aldjia Bouchaala, 2017) conduisant à de nouvelles modalités de construire le lien avec le social, la politique et le territoire.

L'observation des mobilisations sociales et politiques récentes au Maghreb à partir de décembre 2010 laisse entrevoir plusieurs constats. Le premier renvoie à l'objet de la revendication qui est souvent d'ordre social, révélateur d'une situation de paupérisation d'une partie de la population qui souffre des conséquences des mauvaises gestions politiques et économiques dans cette région. Le second constat est la déclinaison des études démographiques qui montrent le caractère jeune de la population de manière générale et d'une frange porteuse de discours contestataires, d'idées et de conceptions nouvelles du vivre ensemble en particulier. Accessoirement, si le mouvement touche principalement cette population, il montre l'ampleur de la contestation, le décalage avec les pouvoirs en place et le désespoir qui gangrène une partie de cette jeunesse (Dumas, 2016). Le troisième constat évoque l'usage « massif » des médias autant dans leur forme traditionnelle que nouvelle (TIC) par une population à l'affût d'information, de nouveauté et de divertissement (Daghmi, 2015).

Offres médiatiques en amazigh et logique d'usage

Nous mobilisons les concepts de la sociologie des usages (Proulx, 2015) afin de saisir la logique sociotechnique de la consommation médiatique sous-jacente aux liens entre espaces de production et ceux des usages ainsi que les modalités d'appropriation des flux informationnels au niveau socioculturel (Martin-Barbero, 1987). De même, nous postulons, dans le sillage du concept de la trivialité (Jeanneret, 2008), que les formes d'action citoyenne et politique sont examinées à l'instar des êtres culturels en circulation dans la société. Ces idées et objets se métamorphosent, car se chargeant de valeurs au fil de leur circulation et d'échanges dans les canaux de communication.

Les usages des Amazighs comme l'ensemble des populations d'Afrique du Nord sont marqués par la visée divertissante qui passe également par les ruses et contournements (de Certeau, 1990) des politiques de désinformation des médias étatiques (Mattelart, 2011). Les réseaux numériques vont ainsi offrir des espaces alternatifs de discussion (Fraser, 2001) qui vont se révéler également efficaces quant au contournement de la censure et la mise en circulation de discours contestataires et organisationnels des mouvements de contestation. Les discours revendicatifs des mouvements amazighs vont de la sorte connaître un nouveau souffle non seulement au Maroc, mais dans l'ensemble du Maghreb.

Il faut rappeler que la politique des États maghrébins qui se définissaient constitutionnellement comme arabes et musulmans se traduisait entre autres par les programmes d'arabisation. Au niveau identitaire, c'est bien cette logique visant l'unification linguistique qui sous-tendait l'unité nationale (Aoudia, 2012). Les revendications des mouvements amazighs étaient ainsi observées avec méfiance et mépris ce qui a favorisé la continuité de la transmission de la culture et des langues amazighes par l'oralité. L'enjeu pour le modèle de l'État-nation centralisateur et homogène est de freiner la visibilité des identités régionales (Assid, 2010) et cela se traduira par *un déni d'existence construit par la télévision* et le renforcement d'une forme d'exclusion de l'amazighité (Malonga, 2007, p. 66). Au milieu des années 1990, la situation commence à changer avec notamment l'introduction de l'amazighe à la radio puis, quelques années plus tard, à la télévision RTM sous forme de journaux télévisés. À la fin des années 2000, le début de la libéralisation des ondes au Maroc permettra la naissance des radios régionales puis de Tamazight TV, une chaîne à orientation amazighe, mais qui vont souffrir d'un manque d'audience (Daghmi, Toumi, Pulvar, 2012).

À l'opposé des RSN, les échanges sur les forums de discussion à connotation identitaire amazighe étudiés révèlent la force de l'engagement des participants dont certains discours montrent l'ancrage de la culture politique. La domination de la forme énonciative du « je » caractérise la volonté de rendre visible son identité et d'assumer ouvertement le discours contestataire et revendicatif des participants. Il est frappant de remarquer dans ces espaces alternatifs de discussion la diversité des appartenances territoriales réelles ou imaginées autour de l'Afrique du Nord, de l'Afrique méditerranéenne, ou encore de l'Afrique dans son ensemble. On pourrait ainsi dresser une corrélation entre la construction d'un sentiment d'appartenance amazighe et la référence à un territoire en particulier qui dépasse les frontières nationales du pays. Au niveau politique, les revendications amazighes sont ainsi adossées à une territorialisation aussi bien réelle que rêvée qui mobilise le mythe de « Tamazgha », renvoyant à la terre ou à la nation des Amazighs. Ce territoire imaginé remembrerait géographiquement les espaces des Jasis de Siwa en Égypte à l'est, les Îles Canarie à l'ouest, de la Méditerranée au nord et au Burkina Faso au sud.

Dès lors, rattacher ses univers d'appartenance à un territoire géographique même rêvé devient une préoccupation majeure pour les militants des forums analysés. Le recours aux références historisées vise une forme de légitimation comme argument d'appui au projet actuel qui prône, sous fond de victimisation, la défense des peuples amazighs, de leur identité, de leur culture et appelle à sa réhabilitation. Ce positionnement mobilise les travaux anthropologies et historiques comme les résultats de recherches de Gabriel Camps qui avancent que la fragmentation du Maghreb depuis le néolithique à partir du deuxième millénaire sous l'action coloniale des différentes civilisations explique la diversité des origines et le caractère composite des Amazighs (Pouessel, 2010). L'identité amazighe est très présente et symbolisée par un discours argumentatif et une aspiration à la reconnaissance de sa nature. On retrouve en conséquence des corrélations fortes avec les occurrences comme « pays », « territoires », « Afrique », « langue » et « religion ». Ces dimensions sont ainsi une autre facette du mouvement amazigh observable depuis plusieurs années, dont l'une des revendications est la reconnaissance de la culture amazighe et des espoirs d'unité dans le territoire d'Afrique du Nord.

Cependant, ce militantisme sur les forums étudiés est davantage identitaire que politique. Il se caractérise par l'absence des discours de mobilisation directe ou d'appel à manifester dans le cadre des mouvements sociaux politiques récents. Le postulat du numérique comme vecteur des revendications politiques se transformant en catalyseur des mobilisations des Amazighs est à nuancer. On retrouve ainsi toutes les formes de compassion ou de tristesse vis-à-vis des Amazighs de Lybie par exemple marginalisés par le pouvoir libyen. L'absence d'appel à la mobilisation à l'échelle du Maroc encore moins à celle du

Maghreb confirme une caractéristique générale au niveau du Maroc qui dépeint des publics davantage spectateurs qu'acteurs dans leur rapport avec la mobilisation sociale et son étendard, à savoir le mouvement du 20 février 2011 (Amsidder, Daghmi, Toumi, 2013).

Identité et symbolique du territoire

Dans la perspective sémiotique, l'évocation du territoire et de son imaginaire comme processus de construction nécessite de porter un intérêt aux offres et usages médiatiques sous-tendus par des logiques de suggestion et de structuration du sens. La perspective psychosociologique quant à elle éclaire les représentations sociales liées aux univers des appartenances collectives et de la mémoire autour du territoire. Cette dernière s'articule autour de trois composantes à savoir l'imagerie, l'image et l'imaginaire (Amirou et *al.*, 2011). Les éléments tangibles tels que l'architecture, le relief, le patrimoine, le climat, l'écriture en tifinagh, etc., composent une réalité visible sur le territoire amazigh faisant sens chez l'usager des réseaux socio-numériques (RSN) tout comme celui de Tamazight TV.

Les représentations en circulation sur le territoire amazigh sont composées de multiples stéréotypes et leur réception dans un processus de communication débouchera sur l'intérêt, l'attachement ou le désintérêt par rapport à ce territoire (Pasquier, 2011). Cette imagerie est renforcée dans sa logique valorisante par les informations en circulation dans la programmation des médias amazighs. Actuellement les radios MFM Souss (radio privée), Radio Régionale d'Agadir et Radio Plus se positionnent pour la promotion de la culture amazighe dans une vision généralement consensuelle. Ces radios et Tamazight TV considèrent l'amazighe comme une des composantes de la culture marocaine et refusent de reconnaître une « communauté » distincte. Elles reconnaissent la diversité linguistique de ces publics, mais assortie d'une ressemblance anthropologique des Marocains et mettent en avant la promotion de la langue amazighe (Mountasser, 2017, 229). Ce positionnement s'inscrit clairement, pour le pouvoir central, dans la logique englobante qui valorise la dimension linguistique au détriment de la dimension territoriale. *A contrario*, la radio privée Radio Plus Agadir prône la singularité de cette culture avec une origine distincte, des références historiques et une identité à part entière. Cela étant, toutes les radios et Tamazight TV admettent la « marocanité » de la culture amazighe et des Amazighs en général.

Le territoire amazigh est porteur d'une mémoire collective par le jeu d'associations d'idées faites entre son histoire ancienne et récente, ses mythes et héros, ses moments de tension et de paix, ses espoirs et déceptions, etc. L'essence des lieux, les représentations mémorielles, inconsciemment intégrées par les publics amazighs constituent de la sorte le socle autour duquel se construisent les flux en circulation dans les réseaux numériques. À l'opposé, les offres médiatiques traditionnelles qui répondent à un cahier des charges contraignant se contentent d'un rôle de diffusion et de vulgarisation de la langue et la culture amazighe. Les efforts se cantonnent à des tentatives timides de recherche d'un vocabulaire exclusivement amazigh et de rappel des fêtes amazighes. Ces médias, en particulier Tamazight TV doivent également faire face aux différences linguistiques des trois grandes composantes amazighes de même que la présence de la programmation en arabe. Le manque de moyen et la logique étatique réduisent la part de créativité et de sérieux des contenus qui se caractérisent par leur allure folklorique (Mountasser, 2017). La programmation divertissante comme les saynètes, les documentaires, les feuilletons intéressent globalement les publics même si la dimension amazighe est loin de constituer le seul élément attractif.

Malgré les contraintes des cahiers des charges des médias traditionnels, des limites de leurs audiences, regarder une programmation télévisuelle c'est d'une certaine manière s'identifier à une communauté avec les modalités de négociation de sens, de partage de l'expérience et un certain sentiment d'appartenance (Dayan, 1992, 153).

En somme, le mouvement amazigh révèle deux tendances du numérique déjà observées dans d'autres territoires (Proulx, Klein, 2012). La première renvoie à la diversité des pratiques des publics avec la primauté des activités de divertissement et de recherche d'informations. Les espaces publics numériques favorisent l'émergence d'une nouvelle forme d'engagement malgré la domination des logiques de spectacle, de marchandisation de l'information et globalement du divertissement. La seconde confirme le cantonnement des activités de militantisme et de mobilisation politique à grande échelle à des périodes limitées dans le temps. L'apparition de cette activité en dehors des cercles de militants classiques (Ion, 2001) est liée à des mouvements ponctuels comme sommation aux événements du moment qui réclament un rejet de la marginalisation, l'aspiration à la liberté, l'attachement à un territoire, etc. Toutefois, en dépit de l'éloignement de la masse des publics des structures politiques classiques ou des associations, la force de l'action révèle une nouvelle logique de participation davantage citoyenne que politique. La rationalité de l'action n'est pas structurée seulement autour d'arguments logiques, mais use d'autres types de rationalités en l'occurrence narratives, symboliques et rituelles (Lits, 2015).

Dans sa forme générale, cette action nous éloigne ainsi de plus en plus d'un militantisme classique marqué idéologiquement en faveur d'une revendication identitaire incarnée par le défi, la valorisation du territoire, de la culture, de la musique, de l'art culinaire, etc. L'univers militantiste classique se métamorphose de la sorte, comme dans le principe de la trivialité évoquée par Jeanneret, en action citoyenne à grande échelle ponctuée par des événements limités dans le temps quant à l'action politique, mais permanente quant aux signes et pratiques citoyens. Le numérique et les TIC de manière générale, à l'instar des plateformes Facebook et WhatsApp, favorisent le contact permanent et quotidien avec les flux informationnels rappelant son identité. Le « partage » en masse du bonjour du matin, de l'image du drapeau amazigh, de la carte du Maghreb aux couleurs amazighes, d'une vidéo comique en amazigh, du vœu de la nouvelle année amazigh, etc., qui ne sont autres que les symboles de l'amazighité remis au goût du jour et des logiques du numérique.

L'enjeu majeur reste la confrontation entre deux logiques antinomiques à l'usage dans les médias. Une logique d'action citoyenne valorisant une culture amazighe distincte, convoquant un passé historique et un territoire imaginé dans sa mémoire collective davantage que sa géographie. Ce territoire au sens de région, de ville ou de village représente une composante importante de l'identité de la communauté en dépit de la différence d'appréciation, de sa valeur et de sa portée d'un individu à l'autre et surtout de l'évolution de sa représentation (Filippova, Guérin-Pace, 2008). Dans ce sens, le territoire apparaît dans sa portée symbolique comme une réponse logique aux enjeux de la situation. Faut-il encore rappeler que contrairement aux mouvements kurdes, créoles, palestiniens, indiens du Cachemire, etc., l'aspiration à la reconnaissance chez les militants amazighs n'est pas animée par une visée indépendantiste. La mobilisation des symboles du territoire, de la langue, de la culture, de l'histoire… assurent en priorité la continuité historique de l'amazighité et ne constituent pas un levier séparatiste. Elle s'inscrit ensuite dans une recherche de maintien de la cohésion sociale et culturelle d'une communauté spécifique. Elle permet également de construire une identité englobante susceptible d'offrir un cadre d'identification, notamment territoriale, à tous les Amazighs au-delà de leurs pays de résidence ou d'origine.

La symbolique du territoire relève enfin de la quintessence du mouvement de revendication sous l'impulsion de l'action diasporique, originaire notamment de France, qui a posé les premières bases de la contestation. Les Amazighs de l'étranger pensaient le mouvement dans sa portée territoriale abolissant les frontières de l'Afrique du nord, dans sa logique de différenciation avec l'arabe, de démarcation avec l'histoire arabo-musulmane de l'Afrique du Nord, de reconnaissance de la spécificité culturelle face à l'identité arabe dominante. Cet ancrage territorial symbolique se poursuivra en conséquence aussi bien à l'intérieur du Maghreb qu'ailleurs malgré les divergences du mouvement afin de garantir la continuité et la cohérence de la cause, l'internationalisation de la revendication et, au-delà, la survie du mouvement.

Face au mouvement amazigh, une autre logique oppressante des pouvoirs centraux au Maghreb se déploie afin de chasser le danger d'une quelconque revendication essentialiste fondée sur la dimension territoriale, menaçant *in fine* son intégrité territoriale et son existence. Entre les deux visions, les publics amazighs dans leur immense majorité, même dans les régions amazighophones par excellence (région du Souss), se déclarent d'abord musulmans à plus de 70% avant d'être Marocains (16,2%) et Amazighs (5,4%) (Mountasser, 2017) et dressent le portrait d'une identité culturelle multiple, composite et ouverte.

Bibliographie

Amirou Rachid, Pauget Bertrand, Lenglet Mark, Dammak Ahmed, 2011, « De l'image à l'imagerie en passant par l'imaginaire : une interprétation du tourisme à partir des représentations proposées par dix villes européennes », *Recherches en gestion*, p. 87-102.

Anderson, Benedict, *L'imaginaire national. Réflexions sur l'origine et l'essor du nationalisme*, Paris, La Découverte, 1996.

Cardon, Dominique, Granjon Fabien, *Médiactivistes*, Paris, Presses de Sciences Po, « Contester », 147 p.

Chaker, Salem, *Berbères aujourd'hui,* L'Harmattan, Paris, 221 p.

Daghmi, Fathallah, « Des processus de changement aux nouveaux liens sociaux », *Revue française des sciences de l'information et de la communication* [En ligne], 6 | 2015, consulté le 09 janvier 2018. URL : http: //journals.openedition.org/rfsic/1366 ; DOI : 10.4000/rfsic.1366

Daghmi, Fathallah, Pulvar, Olivier, Toumi, Farid., « La réception au Maroc : pratiques des publics marocains ». *Au cœur et aux lisières des SIC*, Actes du XVIIème Congrès de la SFSIC, Dijon http: //tabarqa.u-bourgogne.fr/outils/OconfS/index.php/SIC/SFSIC17/paper/view/54

Daghmi, Fathallah, Toumi, Farid, Amsidder, Abderrahmane, (dir.), *Les médias font-ils les révolutions ? Regards critiques sur les soulèvements arabes*. Paris, L'Harmattan, 206 p.

Ferjani, Riadh, Mattelart, Tristan, *Monde arabe : les révolutions 2.0 n'ont pas eu lieu*, Dossier, *Médias*, n°30, Automne 2011 http: //www.revue-medias.com/-mediamorphoses,66-.html (Consulté le 15 juin 2015)

Malonga Marie-France, « Les stratégies identitaires des minorités noires face à la télévision française », *in* Tristan

Mattelart (dir), *Médias, migrations et cultures transnationales*, Bruxelles, De Boeck Supérieur, 2007, p. 58-71.

Mattelart, Tristan, « Médias, internationalisation et contournement des censures », In *Monde arabe : les révolutions 2.0 n'ont pas eu lieu*, *Médias*, n°30, Automne 2011

Merah Aissa, Gellereau Michèle, Aldjia Bouchaala, Nabila (dirs.), *Reconfiguration des expressions et des pratiques culturelles à l'ère du numérique en Méditerranée*, Paris, L'Harmattan, collection Communication et civilisation, 2017, 270 p.

Mountasser Tilila, 2017, *Usages et pratiques des médias locaux : cas de la radio et de la télévision à la région Souss Massa Drâa*. Thèse soutenue le 27 avril 2017, Université d'Agadir, 337 p.

Pouessel, Stéphanie. *Les Identités amazighes au Maroc*, Paris : Non Lieu, 2010.

Proulx Serge, « La sociologie des usages, et après ? », *Revue française des sciences de l'information et de la communication* [En ligne], 6 | 2015, mis en ligne le 23 janvier 2015, consulté le 12 janvier 2018. URL : http: //journals.openedition.org/rfsic/1230 ; DOI : 10.4000/rfsic.1230

Proulx Serge, Klein, Annabelle (dir.), 2012, *Communication numérique et lien social*, Namur : Presses universitaires de Namur, 353 p.

Le défi du postcolonialisme

Olivier Pulvar, Enseignant-chercheur,
Université des Antilles

Quelle place et quelles formes donner au refus de la massification et de la domination dans le courant du postcolonialisme quasi-contemporain de la « révolution » numérique ? Pour apporter des éléments de réponse, le cas de la région des Caraïbes permet une perspective critique et nuancée.

Les cultures caribéennes dans un espace géographique commun révèlent en effet, d'étonnantes particularités. Animées par le souhait de dépasser les postures coloniales, ce qui est une position partagée, elles présentent cependant une divergence de vues quant aux méthodes et aux objectifs de l'affirmation identitaire. Cette revendication s'appuie notamment sur le retour à l'Histoire et aux spécificités locales liées aux traditions orales longtemps restées clandestines.

Néanmoins, la divergence de vues sur une revendication commune (proche historiquement et géographiquement), avec des arguments différenciés, obéit à des traditions intellectuelles / académiques différentes entre chercheurs anglo-saxons et français. Le postcolonialisme semble introduire une variable culturelle dans les débats scientifiques et dans les manifestations publiques. Aux racines des revendications s'opère une vision du monde et de l'Autre (oppresseur) ; or la carte mentale ne reproduit pas le territoire géographique.

Regards divergents sur une revendication identitaire commune

Les études postcoloniales suggèrent de voir le monde *« [...] depuis une pluralité de perspectives incluant les acteurs à la marge du système international et dont la voix, comme les priorités, sont traditionnellement rendues invisibles ou sont peu entendues »* (Benessaieh, 2010 : 365). Très en vogue dans les modèles de pensées anglo-saxons non euro-centrés, elles se diffusent du continent africain à l'Inde et à la Grande-Bretagne, en Australie, aux États-Unis, et dans la Caraïbe.

Peu interrogé dans les milieux intellectuels et académiques français, le postcolonialisme (ou postcolonialité) soulève même oppositions et fantasmes dans une société à l'épreuve des faits (post)coloniaux. C'est que le contentieux encore présent dans l'ancienne métropole comme dans ses anciennes colonies empêche d'analyser sereinement les phénomènes liés aux rapports entre culture des anciens colons et cultures des anciens colonisés.

Considérant les discours, les pratiques et les représentations, comment le passage d'une pensée de colonialité à une pensée décoloniale s'opère-t-il? Les regards divergents entre observateurs anglo-saxons et français sur les relations postcoloniales se perçoivent par exemple, à travers la différence des pratiques de décolonisation entre Anglais et Français. Les uns privilégient dans un même temps, le respect de règles communes dans un espace public partagé et la liberté des conduites individuelles dans l'espace privé. Les autres tendent à imposer simultanément les pratiques, discours et représentations dans les deux espaces.

Quel peut-être un modèle postcolonial en France, à l'heure du cinquantenaire des indépendances africaines, au moment où les Outremers veulent renégocier la nature de leurs relations avec / dans la République, alors que de nouveaux centres et périphéries émergent? (Mbembe et *all.*, 2010)

La Caraïbe, lieu critique du postcolonialisme

Marquée à la fois par des multicolonialismes et des créolisations, la Caraïbe autorise dans un même lieu, la mise en relation d'histoires nationales et intellectuelles différentes, et des cultures universitaires de traditions distinctes. La relation des cultures nationales métropolitaines diverses, avec leurs constructions coloniales et postcoloniales, invite à observer des réalités plurielles où productions culturelles et situations historiques entrent en synergie. Qu'on pense à l'espace transculturel de rencontre de toutes les présences sur place, africaines, américaines, asiatiques, européennes, tels des composants de ses identités ; qu'on pense encore à l'espace transnational de diffusion des *reggae*, *compas*, *salsa*, *calypso*, *zouk*, tels des éléments de ses cultures populaires.

Face au non-lieu global, la dynamique en œuvre redéfinit les identités en Caraïbe : diasporiques et insulaires. Elle allie, rallie, lie, relie et relaie tout ce qui se trouvait jusque-là désolidarisé. L'expérience sociale des masses confrontées aux stratégies d'ententes et de profits des multinationales, rejoint des aspirations diffuses, parfois inexprimables, mais bien réelles, chez les oubliés, les invisibles et autres souffrants indéchiffrables de ces sociétés. Le trauma de la traite et de l'esclavage sous-tendent les identités en Caraïbe, tandis que l'évolution des logiques d'appropriation des outils de communication et des espaces numériques révèle le rôle croissant d'interface des TIC et RSN au service de la défense de causes citoyennes ou de revendications au plan politique, social ou culturel. En septembre 2013 par exemple, une conférence pan caribéenne dans l'île anglophone de Saint-Vincent souligne la nécessité d'instaurer un agenda pour dialoguer avec les pays européens sur la réparation des dégâts causés par la traite négrière, l'esclavage et la colonisation, notamment en matière de sous-développement des pays dominés. Parmi les thèmes débattus par les 4 000 représentants d'organisations caribéennes, sud-américaines et européennes figure la création d'une cour caribéenne de justice pour instruire les plaintes sur la question des réparations.

Alors que la post-colonialité et son lot de revendications se posent aussi en Caraïbe francophone, la problématique s'oriente moins vers le dialogue interculturel que vers le choc civilisationnel. On se rappelle la formule du président de la République, François Hollande inaugurant le 10 mai 2015 en Guadeloupe le Mémorial ACTe: *« Quand je viendrai à Haïti, j'acquitterai à mon tour la dette que nous avons »*. Le propos réveille la revendication portée par nombre d'Haïtiens et au-delà, que la première République noire (1804) récupère les dix-sept milliards en franc-or qu'elle a versés à la France pour faire reconnaître son indépendance acquise de haute lutte contre les troupes napoléoniennes. Dans les Outremers français, les questions de l'enseignement des langues et cultures régionales (créoles, musiques et danses traditionnelles), ou de la mémoire de la traite négrière transatlantique (histoire, commémoration, réparations), ou encore de la gestion publique des problématiques liées aux territoires *ultramarins* (démographie, emplois, aménagement, développement), forment autant de nœuds qui réactivent des représentations du passé.

Les revendications postcoloniales dans la France d'outre-mer

Pour des territoires non indépendants politiquement, les revendications postcoloniales renvoient aux discours, pratiques et représentations qui accompagnent des mouvements de décolonisation, plutôt qu'ils ne leur succèdent. Récemment encore, après une crise institutionnelle qui a entraîné la scission de l'Université des Antilles et de la Guyane, la nouvelle Université des Antilles voit certains de ses enseignants-chercheurs tenter une refondation autour des lettres et sciences humaines postcoloniales. L'argumentaire qui sert la jeune université valorise les spécificités culturelles et environnementales dans lesquelles elle s'inscrit. L'exigence régionaliste, caribéenne et d'ancrage des spécificités locales, articulée à l'exigence internationale de mondialisation des savoirs, doit renforcer son attractivité et son rayonnement. Que reste-t-il de la volonté de faire des Antilles françaises un endroit où les études postcoloniales ont lieu ?

Jusqu'ici, le paradigme de l'élaboration civilisationnelle des sociétés caribéennes postcoloniales tient à l'étude des matrices que constituent les différents champs de production de ces sociétés. Il tient également à la revue des démarches créatives et des conceptualisations qui contribuent à la construction du sujet caribéen et accompagnent son émancipation. Sur le plan des créations artistiques, les formes d'expression constituent des espaces d'élaboration d'une Caraïbe différente de celle héritée de la colonisation de plantation. Toute forme qui participe de l'édification civilisationnelle de la Caraïbe, est saisie à l'aune des valeurs et des modèles qu'elle conteste, ou qu'elle élabore comme réponse à une situation (im)posée. La perspective postcoloniale se présente telle une modalité de pensée qui émerge de la théorisation des procédés d'appréhension des incidences de l'histoire de la modernité coloniale sur le devenir des espaces colonisés par les Européens. Contribuer à cette pensée se réduit à articuler des paradigmes théoriques et méthodologiques affranchis du cadre idéologique colonial (Alaric, Solbiac, 2016).

Trois ans après sa création, l'Université des Antilles peine à porter de nouveaux projets dans les champs spécifiques de son exercice. Un facteur culturel fort subsiste face à un ancrage universel des recherches, tandis que l'établissement s'empêtre dans des rivalités régionales pour s'accaparer un pouvoir symbolique. Ce traitement académique et institutionnel différent entre chercheurs français et anglo-saxons aurait-il à voir avec deux visions distinctes du monde et de l'Autre ? L'une plutôt dogmatique par ses caractères jacobin, centralisateur, catholique, et universaliste, l'autre plutôt pragmatique par ses dimensions fédéraliste, protestante, et relativiste.

Certes, la critique de l'eurocentrisme est nécessaire à la perspective postcoloniale, mais elle ne lui suffit pas. Aussi, la figure de l'identité culturelle vue comme mobile et métisse plutôt que stable et pure souligne que la quête identitaire en réaction au colonialisme ne correspond pas forcément à une revendication postcoloniale. Les études créoles des années 1970, inscrites dans une confrontation entre recherche native et recherche non native, ont vu les limites de cette orientation trente ans après. De même, la lutte nationaliste actuellement visible dans l'espace public martiniquais vise à remplacer l'emblème colonial (quatre serpents blancs sur fond bleu) par celui (rouge, vert, noir) que certains groupes estiment représentatif des luttes populaires d'émancipation depuis 1870.

Le postcolonialisme dans les sciences humaines et sociales se place dans la dynamique de problématisation des identités culturelles dans le monde, lesquelles ne sont considérées ni fixes, ni pures, ni nettement circonscrites par les contours des États-nations. Il ne cherche ni à célébrer le retour aux identités culturelles précoloniales, ni à magnifier les cultures non occidentales dans leur authenticité ou leur différence absolue (Benessaieh, 2010 : p. 371-372).

L'étude des terrains intellectuel, académique, administratif ou législatif aux Antilles françaises selon leur portée politique fait ressortir la difficulté de mobiliser les acteurs.

Le postcolonialisme à la française: un difficile retour au territoire

La question d'un postcolonialisme à la française se pose à partir de la réalité sociale de la France, comme dans ses rapports avec ses anciennes colonies. On interroge le regard que la société française porte sur le fait colonial. On se penche aussi sur les conceptions proposées par des sociétés qui se (re)fondent sur des perspectives inédites, voire refusées par l'ancienne métropole.

Si on convient que la colonisation met en présence une métropole et des colonies, on peut se demander si la société française s'est décolonisée au plan des idées, des représentations, des idéologies et des imaginaires. Les formes de racisme les plus variées (liées au passé colonial) circulent encore en France dans toutes les sphères du social, de l'économie au politique, en passant par le culturel. Si on considère la départementalisation outre-mer portée par la loi d'assimilation (1946), tel un processus de décolonisation, on peut interroger le degré d'achèvement de la démarche. Depuis les débats parlementaires relatifs à l'égalité réelle outre-mer (2016), les amendements se succèdent pour effacer le terme métropole de la loi. Les dispositifs et appareils d'État (forces de l'ordre, justice, formation, information), les politiques publiques en rapport avec les flux de populations (migrations, emplois) et de marchandises (import-export, commerce) limitent les aspirations des sociétés locales outre-mer. Parfois avec la complicité (active ou non) des représentants locaux des catégories sociales les mieux loties.

Aussi, la citoyenneté comme l'égalité républicaine demeurent en France des problèmes récurrents pour ceux qui, au sein de la communauté nationale, vivent les discriminations au quotidien. La colonialité s'enkyste dans un pouvoir républicain qui s'organise politiquement (impérialisme), économiquement (capitalisme) et socialement (racisme) autour du triptyque de classe-race-genre.

Françoise Vergès insiste sur la nécessité *« [...] de clarifier dans quels processus historiques nous sommes et, donc, quelles politiques de décolonisation en découlent? Ce qui implique de croiser sciences humaines et sociales et sciences de la vie et de la nature, de définir une politique décoloniale africaine sur le changement climatique, sur la reproduction (et non la " démographie "), sur le travail, sur la souveraineté, la citoyenneté. Décoloniser les méthodologies, dénationaliser les récits historiques, faire apparaître encore plus clairement les routes de circulation des idées, des sons, des gestes, qui échappent à la logique de la marchandise et de l'axe Nord/Sud. Reprendre les fils de la trame tissée par les générations précédentes et y ajouter de nouveaux fils, couleurs, graphisme ».* La politologue souligne, après Bachelard, les limites de savoirs qui prennent leurs distances avec toute la charge effective du réel (pouvoir affectif, surcharge poétique) : l'hétérogénéité du signifiant (ici, Afrique) est plus perceptible dans les lettres, la culture et les arts, que dans le champ de la recherche universitaire non entièrement affranchie des codes académiques occidentaux qui entravent la collaboration et la transdisciplinarité et favorisent la suprématie de l'auteur.

Quelle pensée francophone pourrait-elle se réclamer d'un modèle postcolonial au même titre que celles développées dans les mondes anglophone, hispanophone ou lusophone ?

La francophonie, une perspective postcoloniale ?

L'approche de la francophonie dans le cadre institutionnel de l'organisation internationale née de la volonté conjointe des anciennes métropoles et colonies donne un statut particulier à la perspective postcoloniale française. La relation du français à la francophonie, à la fois institutionnalisée et universaliste, n'en reste pas moins centrée sur une perspective qui fait de la *métropole* le centre d'où la langue rayonne. Le débat repose sur l'opposition entre une littérature française/francophone liée à un système culturel traditionnel, désormais anachronique et une littérature-monde en français, transnationale et pluriculturelle. L'institutionnalisation de la francophonie se révèle problématique.

Dans son projet d'analyses comparées de la francophonie, Paul Aron cherche à *« [...] éprouver la validité d'une conception de la francophonie qui ne soit ni le carcan des "littératures francophones hors de France", ni l'unanimité fallacieuse d'une "communauté de lecteurs" qui aurait la langue "en partage" »* (Aron,2001: 54). Jusqu'à quel point, l'argument liant l'apprentissage de la langue française au progrès des colonisés, constitue-t-il une ambiguïté de la francophonie institutionnelle ?

Ce qui vaut pour les lettres francophones comme pour les langues qu'elles utilisent bouscule une conception de la francophonie en dehors des rapports à la diversité qui la constitue (Pulvar, 2004: p. 73). La francophonie ne se limite pas à la recomposition d'une colonialité désormais républicaine qui fait des catégories de la diversité, du métissage ou du multiculturalisme, les outils de gestion d'une situation postcoloniale, sans en remettre à plat les rapports de pouvoir.

Les divers contenus médiatiques et numériques en français et en densité croissante, circulant rapidement, couvrant toutes les distances, ouvrent le débat d'une autre francophonie. La discussion porte moins sur le niveau de langue à maîtriser (langue-étalon) que sur le nombre de locuteurs/scripteurs dans le monde. Bien qu'ils aient une langue en partage, les francophones n'ont pas forcément les mêmes centres d'intérêt, ils n'ont pas nécessairement à se réclamer de la France pour être au monde (imaginaire-monde en français). La francophonie se conçoit alors tel un espace transnational de solidarités en français (écologie, démographie, santé, citoyenneté), et non plus comme un espace national de domination en français.

À ce titre, la réflexion autour de la francophonie dans la zone Caraïbes-Amériques révèle des enjeux éclairants liés à plusieurs facteurs : la présence minoritaire du français dans cette zone, la recherche sur l'intercompréhension des langues et la dimension interculturelle, l'existence de créoles à base lexicale française qui circulent dans des espaces non francophones. Elle fait la promotion du français, des études francophones, dans une perspective d'ouverture au pluralisme linguistique et culturel de la zone. Elle insuffle un élan à partir des *départements français d'Amérique*, pour faire rayonner la France, sa culture et ses représentations. Elle répond à une demande d'intégration linguistique de certains États : réussir l'organisation de ces pays dans un espace anthropologique plurilingue. Confrontée à la dimension interculturelle, la francophonie se fait plurielle et prend en compte ce que chacun apporte au plan de sa vision du monde qu'il soit francophone ou pas (Pulvar, 2016).

Les institutions internationales (UNESCO, OIF) pratiquent ce retour à la dimension régionale, dans le respect de la diversité de la francophonie, et dans le réalisme d'une francophonie-monde. Leur action en faveur du territoire, du lieu ici et maintenant, contribue à sortir la réflexion d'un postcolonialisme revanchard. Le mouvement continu d'expressions culturelles diverses s'inscrit dans la dynamique des sociétés mondialisées. Le numérique, particulièrement les réseaux sociaux renforcent donc la revendication identitaire en Caraïbe.

Bibliographie

Alaric Alexandre, Solbiac Rodolphe (dir.), 2016, *Littératures et arts postcoloniaux dans l'émergence civilisationnelle caribéenne*, Paris, L'Harmattan, 180 p.

Aron Paul, 2001, « Le fait littéraire francophone », *Les champs littéraires africains*, Actes du colloque de l'APELA 1997, Textes réunis par Romuald Founkoua et Pierre Halen, avec la collaboration de Katharina Städtler, Association pour l'étude des littératures africaines, Paris, Karthala, coll. Lettres du Sud, pp. 39-55.

Bancel Nicolas, Blanchard Pascal, 2006, «Mémoire coloniale: résistances à l'émergence d'un débat», dans Bancel N., Blanchard P. (dir.), *Culture post-coloniale, 1961-2006 : traces et mémoires coloniales en France*, Paris, Autrement, p. 21-41.

Benessaieh Afef, 2010, « La perspective postcoloniale. Voir le monde différemment », dans Dan O'Meara, Alex Mc Leod, (dir.), *Théories des relations internationales : contestations et résistances*, Montréal, Athéna / Centre d'études des politiques étrangères et sécurité (CEPES), p. 365-378.

Boetsch Gilles, Villain-Gandossi Christiane (dir.), 2001/2, Stéréotypes dans les relations nord-sud, Revue Hermès, n°30, 220 p.

Forsdick Charles, Murphy Davis (dir.), 2003, *Francophone postcolonial studies : À critical Introduction*, London, Arnold, 320 p.

Joubert Claire, 2014, *Le postcolonial comparé anglophonie, francophonie*, Presse Universitaires de Vincennes, Université Paris 8, Saint-Denis, 288 p.

Lazarus Neil, 2006, *Penser le postcolonial. Une introduction critique*, Amsterdam, Hélène Quiniou éd., 443 p.

Mbembe Achille, Vergès Françoise, Bernault Florence, Boubeker Ahmed, Bancel Nicolas, Blanchard Pascal (dir.), 2010, *Ruptures postcoloniales. Les nouveaux visages de la société française*, Paris, La Découverte, 542 p.

Pulvar Olivier, 2004, « Créolité: affirmation identitaire et dialogue interculturel », *Hermès*, La Revue, vol. 40, n°3, p. 71-74.

Pulvar Olivier, 2016, « L'Institut Caribéen d'Études Francophones et Interculturelles (ICEFI) », Revue Française des Sciences de l'information et de la communication [En ligne], 8 | 2016, URL: http: //journals.openedition.org/sfsic/1920

Mattelart Tristan, 2008, « Pour une critique des théories de la mondialisation culturelle », *Question de communication*, n° 13, p. 269-287.

Wolton Dominique, 2006, Demain la francophonie, Paris, Flammarion, 195 p.

Partie III : Le territoire reconstitué par le numérique

Le monde rural se fait-il encore entendre ?

François Bart, UMR FNSP-CNRS LAM,
Université Bordeaux Montaigne

Fin des paysans et des territoires *vs* retour des paysans et des territoires ?

Depuis les Trente Glorieuses, la question de la place et du devenir du monde rural s'inscrit dans un large débat marqué par quelques écrits fracassants, avec des interrogations récurrentes sur les territoires (et leurs limites) et sur les sociétés paysannes, dans les contextes successifs de révolution industrielle puis numérique. Ce fut en 1967 la « fin des paysans » annoncée par Henri Mendras, puis en 1995 la « fin des territoires » proclamée par Bertrand Badie. Se sont aussi succédé le « retour des paysans » décrit par Maxime Haubert dès 1991, évoqué ensuite par Laurent Auclair, Chantal Aspe et Patrick Baudot en 2006, et en 2015 un colloque à l'Université de Corse intitulé « Retour des territoires, renouveau de la mésologie ».

Qu'en est-il sur le terrain ? Question d'autant plus complexe qu'il vaudrait mieux la poser sur **les** terrains, tant est grande la diversité des campagnes françaises. Renonçant à la prétention d'une analyse globale qui ne pourrait échapper au piège d'une conceptualisation trop détachée du réel, ni à celui d'énumérations vaines et fastidieuses, nous avons pris le parti, que nous assumons pleinement, de nous appuyer sur l'exemple d'une commune du Sud-Ouest, en Périgord, celle de La Dornac, située aux confins des départements de la Dordogne, de la Corrèze et du Lot : nous en suivons *in situ* l'évolution depuis les années 1980. Grâce à une association, celle des *Géographes du Pays de Salignac* (AGPS), qui réfléchit, à partir d'un canton voisin, au devenir de ce monde rural en confrontant points de vue de scientifiques avec ceux d'acteurs de terrain, nous bénéficions d'une vision qui va bien au-delà des limites d'une seule commune. Il s'agit ici d'un territoire rural où le tourisme est le facteur essentiel des mutations contemporaines.

Cette question n'est évidemment pas dissociable de celle du contenu du concept de territoires, qui a fait l'objet d'innombrables publications, généralistes ou appliquées à des terrains spécifiques. Il sera mis à l'épreuve des faits observés.

Territoire, le poids d'un héritage patrimonial

Le terroir

L'ambiguïté même de ce terme typiquement français, pratiquement intraduisible dans une autre langue, est le reflet d'une double dimension du lien qui, sur le temps long de l'histoire, a façonné l'identité paysanne, fondement du monde rural : attachement à une terre nourricière avec ses potentialités et ses contraintes, spécificité des savoir-faire issus de cette connivence entre l'homme travailleur de la terre et la terre sensée le faire vivre.

Le terroir est ainsi considéré comme le territoire par excellence et le monde contemporain l'a bien compris en ne cessant de vanter les qualités des produits de terroir, en montrant un goût prononcé, plus ou moins teinté de nostalgie, pour des produits culturels (films, romans, photographies…) décrivant cette France des terroirs.

Notre approche du monde rural reste fortement marquée par cette dimension terroir-territoire, les deux termes se confondant parfois. Et l'on verra que l'on touche ici à l'un des fondements du tourisme rural d'aujourd'hui, friand de produits de la ferme, d'authenticité, et d'images nourrissant ses rêves. Il est d'ailleurs très significatif que parmi elles, l'icône du village, avec son église, soit si souvent représentée.

Le territoire villageois, communal

Le territoire communal d'aujourd'hui est l'héritier direct de la paroisse de l'Ancien Régime : la mairie s'est ajoutée au clocher, puis l'école dite « communale ».

Cet héritage, malgré l'exode rural et la déchristianisation, demeure très prégnant ; à la belle saison, il se manifeste en particulier par l'importance des fêtes villageoises, à la fois communales et patronales. À La Dornac, la journée du 15 août, celle de la Sainte Marie, patronne de la belle petite église romane, est de loin la plus animée de l'année : parmi les activités proposées, le repas festif du soir, sur la place principale du village, attire plusieurs centaines de convives, plus que la population de la commune. S'y rencontrent souvent des résidents locaux et des touristes de passage. D'autres villages alentour, parfois plus petits, comme La Cassagne, accueillent encore plus de participants…

Le patrimoine rural, marqueur territorial

Dans la lignée de cette « vocation » première, tout territoire rural tire une part de son identité de bâtis à vocation agricole devenus patrimoniaux. Les campagnes sont marquées, dans le sillage de leur histoire multiséculaire, par des constructions qui témoignent d'activités ancestrales souvent disparues ou fortement renouvelées. Toute une architecture rurale, de pierre calcaire en Périgord, de granit, schistes ou grès en Limousin, de briques dans le Midi toulousain, ponctue le paysage des territoires ruraux : bâtiments d'habitation et granges des fermes, cabanes et « gariottes » (ou bories) du Périgord et du Quercy, pigeonniers de l'Albigeois et du Bas Quercy constituent aujourd'hui un patrimoine exceptionnel qui donne du sens au territoire et suscite des dynamiques nouvelles de rénovation et de valorisation. Dans beaucoup de territoires ruraux du Sud-Ouest, l'architecture de pierre sèche, les toits de lauzes, les croix sculptées le long des routes, les fours à pain attenants aux habitations, valorisent le territoire rural et lui confèrent une dimension nouvelle. Peut-on alors parler de revanche territoriale pour ces campagnes en mutation ? Sans doute si on prend en compte la valeur ajoutée de ce patrimoine qui, associée aux qualités paysagères, ont été très tôt repérées par des Anglo-Saxons et Scandinaves en manque d'espace : on a même pu parler de véritable *British land* pour les campagnes périgourdines reliées au Royaume-Uni par les compagnies *low cost* de l'aéroport de Bergerac.

La qualité patrimoniale de l'héritage de la vie agricole ancienne est devenue une valeur ajoutée concernant l'immobilier, la terre de ces territoires ruraux. C'est avec de nouveaux acteurs que certains de ces territoires sont revenus sur le devant de la scène, jusqu'à parfois créer de véritables *gated communities*, heureusement exceptionnelles.

Nouveaux acteurs du territoire : vers la fin des paysans ?

Le phénomène de déprise agricole et pastorale touche, à des degrés divers, la majorité des campagnes françaises. Le Périgord n'échappe pas à cette tendance lourde. « La ruralité est-elle finie ? » se demandait Bernard Charlery de la Masselière en 2012.

Cultivateurs et éleveurs, l'inexorable diminution des effectifs humains et du nombre d'exploitations

C'est cette évolution fondamentale qui suscita l'interrogation sur « la fin des paysans ». Au niveau national la population active agricole ne représente plus que moins de 3% de la population active totale. « Même dans les espaces ruraux, les agriculteurs sont minoritaires » (Charlery de la Masselière 2012 p. 8). Autant dire que le territoire rural échappe peu à peu à ceux qui en ont été auparavant des acteurs essentiels : les agriculteurs et les éleveurs. La situation à La Dornac, en 2011, pouvait être déjà analysée comme celle de la fin des paysans : les agriculteurs étaient 103 en 1962, 57 en 1975, 5 en 2011… Mais la population totale de la commune suit une évolution différente : si elle a fortement diminué de 1831 (965 habitants) à 1982, elle a connu depuis lors une reprise : 374 en 2007, 420 en 2017. Le territoire rural a manifestement changé de nature. Dans le canton voisin de Salignac le redressement démographique suit la même courbe (Mainet 2012). Et à l'échelle du département de la Dordogne, « la population agricole est en diminution depuis quelques décennies, alors que la population totale du département a augmenté » (Laval 2011 p. 21). À l'échelle nationale enfin, on a pu parler de « renaissance rurale » (Kayser 1989), thème qui a fait l'objet, à l'échelle mondiale, d'un colloque à Toulouse.

Si fin des paysans il y a, il ne semble pas y avoir partout fin des territoires ruraux. Car, si derrière les statistiques plane l'ombre du pouvoir attractif de la ville, elle ne suffit pas à expliquer cette évolution. Comme l'écrit Jean Renard (2011 p. 33), à partir de son étude d'une commune du bocage vendéen, « l'espace rural est bel et bien en recomposition. C'est un espace d'immigration, en croissance démographique ». Le territoire rural contemporain est-il paradoxal ?

Pluri-activité et multi-territorialité

La généralisation de la pluri-activité et du découplage des territoires qui peut en résulter est une mutation essentielle des territoires ruraux, visible partout.

À La Dornac et dans les communes alentour, qui ne sont pourtant pas ni les plus touristiques, ni les plus proches d'une ville, une grande majorité des familles associent des activités agricoles et des emplois en ville ou dans le tourisme. L'agriculture elle-même évolue fortement grâce aux touristes. On parle couramment d'agro- ou agri-tourisme pour ces foyers qui investissent à la fois dans l'accueil en chambres d'hôtes ou gîtes, la restauration à la ferme (fermes-auberges) et la « filière gras ». En 2016, une rencontre organisée par l'AGPS à Salignac a permis de mesurer l'ampleur du phénomène, surtout à partir des années 1980. La conclusion de ces échanges affirme : » Si l'on regarde l'évolution sur une cinquantaine d'années, on est passé d'une société rurale traditionnelle à une nouvelle, ancrée sur les services, évidemment plus volatile [...] et soumise à la conjoncture » (Mainet 2017 p. 125). Il en résulte de nouveaux rapports à l'espace, par lesquels le territoire rural n'est plus nécessairement celui de familles enracinées dans leur terroir, mais aussi celui de mobilités multiples alimentant des logiques d'ancrages multiples. La multi-territorialité intégrant la ville, des activités saisonnières sur place ou à l'extérieur, est de règle. Et le territoire rural accroît son attractivité.

De l'exode rural à l'installation de néo-ruraux

La trajectoire démographique de nombreuses campagnes est d'abord passée par une phase d'exode rural intense, pour laquelle la Première Guerre Mondiale a été un puissant déclencheur : le monument aux morts, aujourd'hui encore, sur la place du village ou dans l'église, est un marqueur fort de l'identité du territoire villageois, souvent sous la forme d'un hommage patriotique, plus rarement sous celle de la dénonciation des horreurs de la guerre. Dans les campagnes du Plateau de Millevaches en Creuse, celui de Gentioux est fameux : un paysan limousin tendant le poing vers la liste des tués s'écrie « Maudite soit la guerre ! ». Les territoires ruraux ont été saignés à blanc et l'attrait de la ville, dans le contexte de la révolution industrielle (exemple des maçons de la Creuse émigrés à Paris ou Lyon) a fait le reste.

Pour paraphraser l'expression du géographe Marc Côte à propos de l'espace algérien (Côte 1988), ce qui se passe depuis une trentaine d'années dans beaucoup de campagnes françaises pourrait être qualifié de « retournement du territoire ». Celles qui sont concernées, les plus nombreuses, se distinguent de celles qualifiées de « rural profond », trop éloignées des centres urbains ou des grands axes. La révolution numérique, malgré le problème récurrent des zones blanches ou grises, contribue à donner un coup de fouet à la dynamique d'arrivée de néo-ruraux à la campagne. Généralement issus des grandes villes, ils cherchent des terrains et des logements moins chers, une meilleure qualité de vie, un retour à la terre et à la nature non dénué, parfois, de rêve et d'utopie, en particulier vers quelques campagnes emblématiques de Lozère, Corrèze, Ardèche, Creuse etc.

On le voit, territoire rural signifie aujourd'hui mobilités et innovations. Les risques de perte d'identité, de repères, peuvent se manifester par des tensions de voisinage (quelques célèbres actions en justice contre l'Angelus ou le chant matinal des coqs). Le territoire rural d'antan a-t-il disparu ?

À la recherche du territoire perdu : quel(s) territoire(s) aujourd'hui ?

Cette quête voit se confronter deux visions du territoire. Celle de l'État, de l'administration, a assez peu évolué depuis plus de deux siècles, malgré quelques retouches ponctuelles : 106 sous-préfectures ont été supprimées en 1926 (en Dordogne, celle de Ribérac), quelques fusions anciennes de communes, intégrant parfois une commune rurale dans une commune urbaine (La Villedieu et Terrasson, La Canéda et Sarlat) ou fusionnant deux petites communes rurales (Salignac et Eyvigues). Celle des usagers du territoire est beaucoup plus fluide : territoires perçus, appréciés, territoires d'usages etc. ; le contraste est grand entre l'ancienneté et la longévité de la plupart des découpages administratifs et l'évolution spectaculaire des rapports à l'espace (essor des transports routiers) qui suscite de nouvelles pratiques spatiales.

Communes et départements font de la résistance

Le maillage territorial département-arrondissement-canton-commune encadre la vie administrative des campagnes depuis plus de deux siècles. Seul le niveau régional est plus récent, et a été réformé il y a peu. Au fil des générations, ce maillage s'est donc profondément incrusté dans les mentalités et dans les pratiques, chaque niveau territorial correspondant à un certain nombre d'équipements et de services, à l'exemple des gendarmeries, essentielles dans les campagnes, dans les chefs-lieux de canton… Les alentours de La Dornac constituent à ce titre un cas intéressant, car la ville la plus proche, Brive, à 20 km, est dans un autre département (la Corrèze), mais beaucoup plus proche que Périgueux, la préfecture (60 km). De plus, le village se trouve à proximité du département du Lot, qui appartient à une autre région. Concrètement, les habitants de Dordogne lisent surtout le quotidien régional *Sud-Ouest*, ceux de Corrèze *La Montagne* et ceux du Lot *La Dépêche du Midi*. Malgré quelques arrangements locaux entre les trois groupes de presse, l'information reste fragmentée par département.

La prégnance du territoire communal est plus forte encore, malgré la petite taille de la plupart des communes rurales (quelques centaines d'habitants ou moins). Des « antagonismes » historiques se révèlent parfois, hérités de périodes anciennes dont on ne parle pas beaucoup ; mais la géographie des résultats électoraux révèle encore des différences contiguës profondes. Le maire, dont les pouvoirs ont été accrus (*cf.* l'enjeu des permis de construire) restent des personnages d'autant plus importants que la taille des communes est modeste : c'est l'ambiguïté du pouvoir « territorialisant » des relations sociales dans des communautés de petite taille parfois dominées par un nombre limité de familles.

Communautés de commune :
le nouveau territoire du développement ?

La fragmentation territoriale (au sens administratif et politique) de la France, surtout dans les campagnes, objet de curiosité pour nombre d'observateurs étrangers, est peu à peu remise en cause encore par des logiques économiques et politiques.

Les incitations à la réduction du nombre de communes, la plupart étant confrontées à des défis financiers considérables, reposent souvent sur des arguments économiques dans un contexte d'évolution des attributions des différents niveaux de compétence territoriale. Il s'agit de mutualiser des moyens modestes pour développer ou sauvegarder des équipements et des services : écoles, routes, services administratifs, etc.

Incontestablement, les nouvelles communautés de commune, nées de la fusion d'anciens cantons, accèdent peu à peu à des compétences qui en font, de plus en plus, de véritables territoires de développement. En Périgord Noir, l'exemple de la communauté de communes *Pays de Fénelon*, née du rapprochement des anciens de canton de Salignac et Carlux est caractéristique de l'ampleur des mutations territoriales à l'œuvre : près de 10 000 habitants en 2018, 19 communes, 321 km^2. Ce territoire a choisi d'exercer « au lieu et place des communes membres » (*Bulletin intercommunal de la Communauté de Communes* 2017 p. 5) les principales compétences suivantes : schéma de cohérence territoriale (PLU, etc.), développement économique, déchets, gestion hydrologique, plus un certain nombre d'actions en termes d'environnement, de logement social, de voirie (246 km), etc. La liste, incomplète, montre la montée en puissance de ces nouveaux territoires de gestion. Mais le budget, de 8,1 millions d'euros, subit les effets de la diminution des dotations de l'État.

D'autre part, cette nouvelle structure affronte la question de la façon dont les élus et la population intégreront dans leur vision et dans leurs actions une éventuelle identité de ce territoire vaste au sein duquel se manifeste, discrètement, une « concurrence » entre le haut pays au nord et la vallée de la Dordogne, plus riche, au sud. Le Président de la Communauté lui-même dans son bulletin d'information de 2015, évoquait ses « projets qui participent à la construction identitaire de notre nouveau territoire ».

Les nouveaux outils de la parole rurale

Les campagnes sont entrées dans un nouveau temps de mutations et de turbulences. Partout se posent des problèmes très concrets qui conditionnent la vie de tous les acteurs des territoires ruraux : agriculteurs et éleveurs, néo-ruraux jeunes ou seniors, touristes, entrepreneurs, etc. La parole rurale, à l'image de la population, est donc plurielle. Ces territoires sont bouleversés par de nombreux flux, des crises sévères (comme la grippe aviaire), des menaces sur la présence des services de proximité, les problèmes de déserts médicaux, la fragilité d'établissements scolaires de petite taille malgré les regroupements de classes, la persistance d'espaces enclavés, etc.

La révolution numérique, elle-même, n'est pas exempte de lacunes conséquentes (difficultés d'accès aux réseaux) et n'est pas encore en mesure de faire entendre clairement les enjeux de la ruralité.

La question de l'accès des ruraux à la parole est un enjeu politique considérable, comme l'ont montré, dans les campagnes laissées pour compte, la prolifération de votes aux extrêmes. Les nouveaux outils d'intervention pour les campagnes restent à inventer, en terme de gouvernance ; les syndicats ont du mal à se faire entendre, peut-être parce qu'ils n'ont pas su innover au rythme des bouleversements des territoires ruraux. Un seul exemple, l'un des plus importants, est la Confédération Paysanne ; or les paysans sont devenus très minoritaires.

Conclusion : Le monde rural, des territoires confus et une parole peu audible ?

L'un des vecteurs de la confusion qui prévaut souvent sur les territoires de la ruralité est la confusion entre monde paysan et monde rural. On ne sait pas toujours au nom de qui on parle et pour qui. La profusion de mots - France des terroirs, France rurale, France agricole…- cache mal la difficulté d'appréhender des territoires aussi dynamiques, fluides et fragiles. Le temps n'est plus de la parole rurale contre celle des villes, mais celui d'une indispensable approche intégrée de la diversité rurale comme de la diversité urbaine. Le développement du tourisme en milieu rural et le contact accru des urbains avec les territoires ruraux pourront peut-être contribuer à un rapprochement fécond.

Bibliographie

AUCLAIR L., ASPE, C., BAUDOT P. (dir.), 2006, *Retour des paysans ?*, IRD Editions /Edisud

BADIE B., 1995 (rééd. 2014 à CNRS éditions), *La fin des territoires,* Paris, Fayard 280 p.

BART F., 2012, Ladornac, aux portes du Bassin de Brive : qu'est la ruralité devenue ?, *Cahiers géographiques du Salignacois*, AGPS, n° 2, pp. 11-15

CHARLERY DE LA MASSELIERE B., 2012, La ruralité est-elle "finie" ?, *Cahiers géographiques du Salignacois*, AGPS, n° 2, pp. 7-9

CÔTE M., 1988, *L'Algérie ou l'espace retourné,* Paris, Flammarion, 362 p.

DI MEO G., 1998, *Géographie sociale et territoires,* Paris, Nathan, 320 p.

HAUBERT M., 1991 Le retour des paysans: mythes et réalités , Revue Tiers Monde, n°128 pp. 725-740

KAYSER B., 1989, *La renaissance rurale. Sociologie des campagnes occidentales*, Paris, Armand Colin, 316 p.

LAVAL B., 2011, Réflexion sur l'évolution de l'agriculture du Département de la Dordogne, des territoires, des hommes, des produits, *Cahiers géographiques du Salignacois*, AGPS, n° 1, pp. 21-23

MAINET G., 2012, Nouveaux habitants, nouveaux agriculteurs, *Cahiers géographiques du Salignacois*, AGPS, n° 2, pp. 29-48

MAINET G., 2017, Conclusion générale du *Cahiers géographiques du Salignacois*, AGPS, n° 7, 123-125

MENDRAS H., 1967, *La fin des paysans, innovations et changement dans l'agriculture française,* Paris, S.E.D.E.I.S., 364 p.

RENARD J., 2011, Une agriculture en crise dans un espace rural en recomposition, *Cahiers géographiques du Salignacois*, AGPS, n° 1, pp. 33-36

Le bassin d'emploi, outil de diagnostic

Alain Bienaymé, Professeur Émérite,
Université Paris Dauphine

L'INSEE a créé en 1981 une entité statistique originale dénommée bassin d'emploi ou zone d'emploi. Cette nouvelle approche du territoire définit un « espace géographique où la plupart des personnes actives habitent **et** travaillent ; les établissements peuvent trouver dans cet espace l'essentiel de la main d'œuvre nécessaire pour occuper les emplois offerts ». L'initiative manifeste l'ambition de mieux appréhender les réalités vécues quotidiennement par la population. Elle privilégie le critère des flux de déplacement domicile - lieu de travail pour identifier les zones à l'intérieur desquelles les migrations pendulaires l'emportent sur les allers - retours journaliers avec l'extérieur[12]. La configuration du réseau routier et des transports collectifs influence en effet les temps de parcours et les choix de vie des citoyens. Pour autant ce découpage ne fait pas surgir comme par miracle un espace où la majorité des habitants se rendrait chaque matin à pied de son domicile à son lieu de travail ; eux aussi subissent les embouteillages aux heures de pointe et les difficultés de stationnement, quoique dans un rayon kilométrique et horaire restreint.

[12] Les bassins d'emploi au sens strict se distinguent du couple statistique formé par l'aire urbaine composée de l'agglomération ou pôle urbain et de sa couronne périurbaine dont l'INSEE publie le nombre d'habitants.

On dénombre depuis 2011, 348 bassins de taille très inégale. Ainsi, les migrations entre le Grand Lyon et le reste de l'aire métropolitaine recensées en 2006 montrent que la métropole accueille chaque jour en moyenne 150 000 actifs domiciliés dans l'aire environnante sur les 790 000 personnes qu'elle emploie, tandis que 50 000 résidents du Grand Lyon travaillent plus loin dans l'aire métropolitaine (Observatoire des Déplacements). De son côté la région Île-de-France (5 millions d'actifs) a délimité en 2016 une bonne vingtaine de bassins d'emploi. La cartographie d'une Région comporte des enjeux de pouvoir et fait l'objet de débats sanctionnés par un vote ; ils portent la marque de compromis variés entre les métropoles et leur environnement.

L'outil statistique de zonage privilégie les contraintes de transport[13] imposées aux actifs et le potentiel d'emplois des bassins. Quel usage les pouvoirs publics font-ils alors de ces informations? La loi NOTre de 2015 renforce les compétences des Régions dans les domaines économique, social, culturel et scientifique. Le club de prospective territoriale, émanation de France Stratégie, reconnaît que le bassin d'emploi constitue un échelon pertinent pour éclairer les décisions des Conseils Régionaux concernant le financement du développement local, la réduction des inégalités territoriales. Sous les termes « d'intelligence du territoire » l'objectif est d'élaborer un diagnostic sur la culture professionnelle des lieux, les spécialités en déclin, prospères et prometteuses, les emplois existants, les métiers porteurs, les formations à développer, les logements à construire, etc.[14]

---

[13] La configuration des bassins en forme d'étoiles de rayons inégaux reflète ces contraintes en termes de temps de parcours.

[14] Toulouse et l'Aerospace Valley (130 000 employés et 1600 entreprises) fait ainsi valoir ses atouts comme la Bourgogne Franche

Le diagnostic doit tenir compte de l'importance croissante prise par le travail à domicile et les espaces collaboratifs de « co-working », aujourd'hui plébiscités par 61% des Français et vécus par 17% des salariés[15]. Ils économisent le temps, l'argent et réduisent l'absentéisme. En atténuant les contraintes locales propres aux territoires, Internet multiplie les liens comme les occasions de collaborer avec l'extérieur ; de sorte que le télétravail dynamise le bassin d'emploi tout en relativisant son influence.

Plusieurs questions restent néanmoins en suspens. La première concerne les créations nettes d'emplois dans les lieux. On voit pourquoi un bassin d'emplois dynamique attire les populations du voisinage : A. Marshall et M. Porter ont démontré les avantages des économies d'agglomération [16]. De plus, l'attractivité d'un bassin d'emploi dépend de ces relais de transmission que sont les cadres et dirigeants des entreprises implantées dans le territoire et de la fréquence de leurs contacts avec l'extérieur. Les groupes industriels localisent leurs usines dans des espaces plans qui débordent les territoires. D'où le contraste entre la spirale vertueuse qui emporte la Silicon Valley ou le bassin d'Annecy et le cercle vicieux de la pauvreté accablant certains territoires (*The Economist*). Mais comment mobiliser les bourgs qui tels la Souterraine dépendent d'un employeur ? Jusqu'où faut-il

---

Comté ses traditions industrielles, la Bretagne son secteur agro-alimentaire, ou encore Bordeaux et son usine du futur…

[15] Il concerne 4,4 millions de salariés (17% du total) travaillant au moins un jour par semaine en dehors de l'entreprise.

[16] La contiguïté des acteurs réduit les coûts de production de trois façons : partage d'infrastructures de transport, abondance de main-d'œuvre qualifiée, diffusion des connaissances et des technologies nouvelles.

résister à la force d'attraction de la métropole régionale ? Le taux de chômage dans une Lozère dépeuplée est inférieur à celui de Bordeaux qui accueille des cadres venant d'Île-de-France. Plus que le chômage, la désertification de certains bassins d'emploi menace : terres en friche, usines démantelées, écoles fermées, cabinets médicaux en déshérence pèsent sur l'avenir de ces villages fantômes. De plus, les secteurs porteurs sont aujourd'hui moins riches en emplois que les secteurs traditionnels. Ainsi, les industries de réseaux cherchent avant tout les bénéfices liés à l'effet de taille. De ce fait leurs activités se concentrent sur un nombre limité de bassins ; en outre, les nouvelles technologies de l'information stimulent moins la demande de biens intermédiaires adressée aux autres régions que la construction automobile (Davezies).

Le retard de nos PME et TPE rurales dans les usages du numérique suggère d'accélérer en priorité la diffusion très haut débit et les formations adaptées : notamment dans des métiers liés à la protection de la nature, aux circuits locaux de production. À cette fin, les Régions doivent fixer bassin par bassin les priorités, coordonner l'action des services publics locaux (apprentissage, formation des adultes, rénovation de l'habitat, maisons de santé ...). Il leur est recommandé de nouer des partenariats avec les universités proches, à l'instar de Rochester, ville américaine sinistrée après les faillites de Kodak et Xerox.

La persistance des difficultés subies dans certaines zones n'exonère pas l'administration centrale de ses responsabilités ; l'État doit accompagner l'essor des transports électriques en investissant dans les réseaux intelligents de distribution électrique (Banner, Willcox). On devra parfois ouvrir des routes, multiplier les liaisons par car, le covoiturage, pour désenclaver les bassins.

Il faut surtout alléger les impôts sur la production pesant sur les emplois.

Enfin, l'approche du territoire pas la notion de bassin d'emplois laisse l'opinion publique sur sa faim, selon une récente enquête de l'Observatoire société et consommation (Obsoco & Chronos) En effet, les recherches sur la dynamique des territoires éloignés des grands pôles d'emploi attirent de nouveaux résidents : migrants alternants, fonctionnaires, retraités et touristes. Ces bassins d'un autre type sont le siège de flux de revenus en partie alimentés par les transferts sociaux (Talandié, Marache). La production de masse et l'exportation ne sont pas les principaux moteurs de la production locale. Et, sans méconnaître les avantages apportés par la révolution numérique, un peu plus de la moitié des personnes interrogées expriment leur réticence à l'égard de la concentration des activités dans des métropoles denses et fortement connectées. Les excès de la ville portent la plupart à vouloir résider dans une périphérie quasi-villageoise. Pour une population par ailleurs vieillissante, mais aussi pour une partie des « milléniaux », on souhaite se déplacer à pied entre lieux de travail, commerces, centres de loisirs et domicile. Les personnes sondées sur l'intérêt qu'ils accordent aux projets de création de cités connectées se plaignent de ne pas être écoutées et se méfient de l'usage des données collectées sur elles. Le numérique ne leur convient que s'il améliore la qualité de vie, ce dont ils ne sont pas toujours convaincus.

Bibliographie

Banner A. (2017), « Alerte sur le réseau de distribution d'électricité », *Le Monde,* 16 novembre

Bouba-Olaga O., « Dynamiques Territoriales : Éloge de la Diversité » Op. Coll. 2018

Davezies L. (2015), *Le nouvel égoïsme territorial : le grand malaise des nations,* Seuil

Luckett O. et Casey M. (2016) : *The Social Organism, A radical understanding of Social Media to Transform your Business and Life,* Hachette Books

Magnaghi A. (2014) : *La Bio-région urbain, Petit traité sur le Territoire Bien commun,* Étérotopie/France, collection Rhizome

Marache C. (2006/1), « Les petites villes, pôles de dynamisme en milieu rural ? L'exemple aquitain au milieu du XIX° siècle début XX° siècle », *Histoire Urbaine,* n°15

Mareuge C (2016), réunion consacrée aux liens entre emplois et territoires, Club de Prospective Territoriale, France Stratégie

Marshall A. (1890, *Principes d'économie politique*

Observatoire société et consommation & Chronos, (2017), « La « smart city » peine à séduire les Français », sondage cité in *Le Monde* , 17 novembre

Talandié M., (2007), *Un nouveau modèle de développement hors métropolisation. Le cas du monde rural français*, Thèse doctorat ,Université paris XII Val de Marne

The Economist, 21-27 octobre 2017, « Left behind, How to help places hurt by globalisation »

Willcox P. (2017), « Il faut construire l'écosystème des véhicules électriques », *Le Monde,* 16 novembre

Communication et information territoriales pour des actions concertées

Cyril Masselot
Maître de Conférence
en Sciences de l'Information et de la Communication
Université de Bourgogne Franche-Comté
CIMEOS EA 4177

Résumé

Les acteurs territoriaux (au sens large) ont acquis en une vingtaine d'années une culture de l'information spécifique, qui correspond à la fois à des critères économiques (d'efficacité et d'efficience) et à des besoins de veille intellectuelle et informationnelle (nouvelles méthodes, bonnes pratiques, discussions scientifiques...). Le besoin de disposer d'études, de diagnostics, de rapports, d'indicateurs pertinents est largement pris en compte sur les territoires, comme l'indique par exemple la mise en place des plateformes régionales de l'observation sociale depuis 2009 et sous l'égide de l'État.

Nous interrogeons ici ces approches informationnelles et communicationnelles, sur base des constats effectués dans les observatoires Catalyse (Masselot 2009, 2012 et 2017, Girardot 2012), en particulier sur la difficulté à articuler une vision nécessairement globale des besoins avec des dispositifs d'intervention qui restent sectorisés. De plus, il nous semble qu'une transition est nécessaire d'un état de concurrence (entre les travailleurs sociaux, entre les partenaires, entre les acteurs territoriaux) vers une coopération, en engageant activement les intervenants dans des processus collectifs de structuration et de mutualisation de l'information, et de communication participante.

Les partenariats de développement jouent dans ce cadre le rôle d'espaces de **médiation** (Dacheux, 2003) où la **co-construction du sens** est alors possible. Les indicateurs contextuels fournis par les opérateurs historiques, ou agrégés et publiés par diverses structures comme les plateformes régionales sont indispensables ; sont-ils pour autant suffisants pour appréhender finement des communautés territoriales, et surtout, pour agir concrètement ? Comment produire collectivement du sens afin d'organiser une gouvernance latérale au sens de Rifkin (2011 et 2012) ? Quel est le rôle de la **communication** dans ces dynamiques d'ingénieries territoriales ? Comment intervient-elle dans l'émergence de l'intelligence collective, dans la construction d'une culture territoriale, dans leur cristallisation ?

Introduction

Les récents événements sociaux observés au niveau mondial, des crises financières et économiques à la crise sociale actuelle, poussent à imaginer de nouveaux modes de conception d'une organisation territoriale revisitée. Il semble inopportun dans le contexte actuel de continuer à vouloir structurer des sociétés selon des schémas verticaux (du haut vers le bas, du bas vers le haut) sans une réelle co-construction d'une vision concertée des enjeux comme des besoins sociaux.

Décréter la participation citoyenne ne suffit pas ; l'appropriation d'une vision prospective s'avère parcellaire car encore inscrite dans une expression extra-territoriale dominante et surtout dans un schéma autoritaire.

Les acteurs des territoires ont en fait besoin de s'organiser par eux-mêmes, et pour ce faire, de concevoir et construire les dispositifs sociotechniques d'information et de communication nécessaires à de nouveaux modes d'organisation.

Le besoin initial d'informations est indéniable pour l'organisation et l'aménagement des territoires. Il s'agit d'un besoin diachronique : une vidéo présentant les changements d'un territoire sera plus pertinente à long terme qu'une photo à un instant T. Nécessaire, cette vision diachronique doit déboucher sur une mise en perspective, incluant l'évaluation des actions en cours.

Il convient alors de structurer des processus informationnels et communicationnels prenant en considération la temporalité des réalités humaines, y compris dans la transmission et la cristallisation des cultures locales.

Les résultats présentés ici sont le fruit de vingt ans d'expériences d'application de la méthode d'observation territoriale ***Catalyse***, portée par le réseau international de l'Intelligence Territoriale (INTI [17]) et dont le développement est assuré par la Scop Acokima[18].

Quelles informations pour agir sur un territoire ?

Le constat effectué par les chercheurs en Intelligence Territoriale (IT) au début des années 1990 était que le monde du développement territorial (englobant la diversité des acteurs territoriaux) semblait ne pas disposer de beaucoup d'informations, ni d'outils pour les interpréter. Certes, de grands organismes chargés de collecter et publier des statistiques existent, soit au niveau de l'État (comme l'INSEE en France, l'Instituto Nacional de Estadistica en Espagne par exemple), soit au niveau des collectivités territoriales, ou encore dans le monde associatif.

Travailler avec ces données a maintes fois prouvé que même dans des villes de taille respectable, la collecte et le traitement de l'information présentent des difficultés. La ville de Huelva, en Espagne (Andalousie) par exemple, compte presque 150 000 habitants ; le recensement de sa population de 1996 comptait un peu plus de 10 % d'erreurs diverses (individus sans âge, sans genre, sans adresse…). Il fallait améliorer la collecte, le traitement, la qualité ainsi que l'accessibilité de l'information. Un des rôles d'un observatoire Catalyse est de mener ce travail de fond sur les ***données contextuelles*** *(indicateurs territoriaux)*. Depuis, nous avons collectivement gagné en compétences sur ce point.

Connaître la situation sociale et professionnelle de la population d'une ville comme Huelva a un intérêt réel.

[17] http://inti.hypotheses.org/

[18] http://www.acokima.org

Cependant, une association intervenant principalement sur un quartier défavorisé, en direction d'un public composé à 95 % de jeunes issus de ce quartier, se rend bien compte que les informations dont elle dispose sont trop générales, concernant dans le meilleur des cas le quartier dans ses délimitations administratives, plus souvent le périmètre municipal. Ces informations générales portent sur une série limitée d'indicateurs prédéterminés : les acteurs territoriaux manquent alors d'une série d'informations plus précises indispensables à leur intervention.

Ces sources officielles n'expliquent pas les **besoins** ni les projets de la population concernée : les données globalisées et sectorisées ne permettent pas d'établir ces profils que seules des informations individuelles peuvent construire. Une structure territoriale ne peut donc pas améliorer son intervention, l'éventail des actions possibles, évaluer ce qu'elle effectue chaque année... Elle travaille alors sur base de *représentations symboliques*, plus ou moins proches de la réalité. C'est l'une des raisons qui nous a conduit à modéliser Catalyse afin d'élaborer et d'interpréter un ***diagnostic des projets individuels*** des populations cibles, ainsi que ***d'évaluer les actions*** réalisées.

En développant une approche par la demande des populations, il paraît logique de vouloir les confronter avec les **ressources** disponibles sur un même territoire. Cette comparaison permet pour un acteur local d'améliorer son intervention, en sachant par exemple rapidement quel organisme, quelle action intervenant sur la même zone, pourra répondre à tel besoin d'un individu, ou d'un groupe d'usagers. Ce qui entraîne à nouveau la nécessité de qualité et d'accessibilité à l'information, et de sa compréhension.

Cette comparaison offre/besoin permet aussi d'évaluer les possibilités et les manques d'un territoire. Un observatoire Catalyse organise alors un ***répertoire des ressources*** (structures, actions…) disponibles sur un territoire, et pouvant répondre à des besoins sociaux.

Cette méthode est schématisée ainsi :

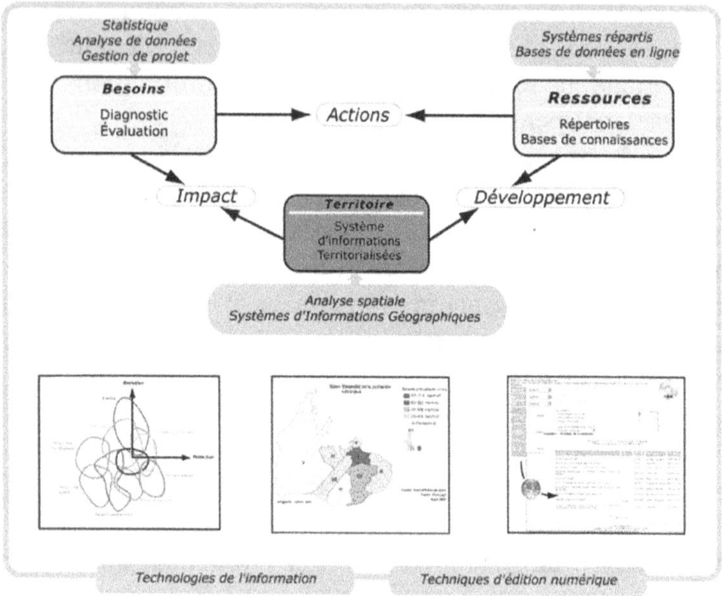

Méthode Catalyse, Schéma global

Ainsi, les informations nécessaires interagissent à partir de ces trois domaines :

- les **profils des besoins** des populations ;
- les **ressources territoriales** disponibles ou manquantes ;
- les **indicateurs contextuels**.

Co-Construire l'information territoriale

La décentralisation initiée en 1982 acte une responsabilisation des acteurs (*lato sensu*) du monde social qui observent alors (et regrettent) un manque de coordination entre les dispositifs proposés par leurs différentes institutions (État, collectivités, associations, ONG…). Cela conduit les usagers à de nombreuses démarches, parfois équivalentes et non complémentaires.

Des aides temporaires sont prodiguées par ces services, sans toutefois apporter de solution globale à la situation des usagers, la plupart du temps par méconnaissance des besoins systémiques de ces usagers. Aider à la prise en charge financière de soins médicaux nécessaires est indiscutable ; accompagner à l'amélioration du logement insalubre, facteur aggravant de la situation sanitaire, l'accès à la formation qualifiante qui va permettre d'obtenir des ressources et ainsi d'améliorer ses conditions de vie, sont des actions qui relèvent d'une approche globale, systémique à la manière d'Edgar Morin.

Catalyse propose de « **dé-sectoriser** » (si l'on peut oser ce barbarisme) l'ingénierie territoriale, en construisant collectivement les informations nécessaires, en un processus partagé de construction de la connaissance.

Nos analyses territoriales ont démontré que :

- les informations ne sont pas toujours disponibles à l'échelle territoriale souhaitée par souci de protection des populations par exemple, la granularité étant à juste titre encadrée par le respect de l'individu et de la confidentialité — cas des IRIS —, ou encore par simple absence des informations précises cependant globalisées à l'échelle supérieure ;
- les collectes sont souvent organisées en fonction des dispositifs et ne reflètent pas la systémie des situations humaines, et ne s'avèrent pas utiles aux acteurs de première ligne dans leur quotidien. Beaucoup d'acteurs

sont alors exaspérés de passer leur temps à « remplir des statistiques » sans en comprendre l'intérêt (propos souvent entendus dans les rencontres avec les professionnels de terrain) ;

- les indicateurs efficaces à la compréhension des profils n'ont pas été travaillés, par méconnaissance de la systémie ;
- soit la qualité de ce qui est produit n'est pas garantie, soit les collectes sont trop chères…

Bref, autant de situations qui poussent les acteurs à « *mettre les mains dans le cambouis* », en co-construisant directement les informations nécessaires. On obtient ainsi une meilleure connaissance des besoins des citoyens, des ressources disponibles, du contexte territorial, la définition de meilleures procédures de décision et de co-construction des politiques territoriales : **où le sens** (par un processus informationnel) **prend corps**. Les acteurs élaborent également un discours commun.

Concrètement, à partir d'un guide de diagnostic et d'évaluation, un observatoire organise sur un territoire (avant tout humain) la collecte des données brutes, qui sont alors saisies soit en ligne, soit dans une version hors ligne du logiciel Pragma. Intervient alors une série de traitements des données, étape de formalisation décrite ci-dessous. Il ne s'agit pas de ranger des données dans des cases — catégories, car l'acte de donner une forme à cette matière est en lui-même porteur de sens : **dès la collecte des données, l'acteur social produit du sens.**

Production du sens

Il s'agit de dépasser la mission première d'un observatoire au sens classique du terme, qui est avant tout de collecter de manière structurée des données et de les restituer. Les structures qui réalisent ce type d'étude se positionnent généralement comme un expert externe au projet. Les résultats obtenus sont souvent des outils conséquents (rapports, bases de données en ligne, cartographies, analyses…), conçues par ces experts, dont l'utilisation reste âpre et nécessite la plupart du temps une médiation de la part de ces mêmes experts.

Concrètement, les descripteurs territoriaux choisis peuvent ne pas s'avérer pertinents ou suffisants pour les acteurs de terrain confrontés à une réalité mouvante, que les informations au niveau d'un territoire représenté à une échelle supérieure n'éclairent pas.

La manière même d'observer influence cette étape de production d'information, par son traitement sémiotique. L'objectif réel du diagnostic est ici dénaturé : les acteurs veulent une vision structurée à leur niveau, pendant que les experts produisent une image prise de loin… Lors de l'étape de production de l'information à partir de faits existants, la méthode Catalyse permet de modifier cette approche d'observation :

- les descripteurs et modalités permettant de structurer les faits en données, puis les données en information, sont collectivement construits par les acteurs territoriaux, accompagnés (et seulement accompagnés) par des experts. La sémiotisation du processus appartient aux acteurs ;
- ces experts adhèrent à l'objectif premier de l'observation, à savoir la mise en place d'actions de terrain dans le but d'améliorer les situations des usagers ;
- la collecte, moment important de la structuration, est elle aussi effectuée par les acteurs, conscients du double processus de transformation en cours, et des biais interprétatifs possibles ;
- cette moisson, collectivement organisée, est à elle seule un processus de communication à la fois avec les usagers, et en interne (au sens symbolique du terme) : le formulaire permettant de dérouler dans le temps ce

processus est également un produit permettant l'échange avec les usagers (il peut être renseigné en plusieurs rencontres, au fur et à mesure de l'élaboration du projet individuel et de son suivi) ;

- la collecte, encore, est un processus en flux tendu, contrairement à une étude de type photographique, l'observation étant par définition permanente. L'évolution de la situation du territoire est alors visible par une série de traitements de l'information opérés à divers instants T : tableaux de bord automatiques quotidiens, hebdomadaires, mensuels ou par période, vie du partenariat, évolutions légales (décrets, dispositifs, lois…) font partie des informations suivies par l'observatoire. On obtient alors une forme de vidéo animée des indicateurs territoriaux.

Le processus informationnel décrit ici est à considérer comme un élément de **gouvernance** incontournable : les acteurs affinent eux-mêmes les indicateurs qui leur permettent de piloter l'intervention territoriale, les actions à mettre en place, à reformuler, ou à requalifier. Les experts ont un rôle d'accompagnement scientifique, mais aussi de transfert, de formation. Ils ne sont plus traditionnellement externes à la démarche, mais réellement impliqués aux divers moments de l'observation à la manière de certaines approches sociologiques.

D'autres types d'informations sont produits lors de ces activités : sur le fonctionnement des divers groupes, les relations qui s'instaurent, l'élaboration de langages communs, favorisant la connaissance des humains comme des territoires.

La relation : de l'information au récepteur

Structurer de l'information de qualité n'est pas le seul défi, encore faut-il qu'elle soit utilisée, donc disséminée, partagée, et surtout reconstruite par d'autres acteurs. Une phase de médiation entre l'information et l'utilisateur (récepteur) est nécessaire afin de construire une relation facilitant cette appropriation. C'est cette étape d'analyse communicationnelle qui s'impose alors : mettre en forme les informations afin que son public puisse s'en emparer, culturellement, intellectuellement, psychologiquement.

Les observations menées dans plusieurs observatoires Catalyse (en France, en Belgique et en Espagne notamment) ont permis de modéliser un certain nombre de paramètres de co-construction de cette relation :

- L'identification des publics cibles doit donner un cadrage clair de la complexité de l'acte de communication en lui-même : vont découler de cette analyse une série de recommandations à la fois stratégiques et ergonomiques. S'adresser à des pairs dont la culture thématique est équivalente revient à faire appel aux savoirs partagés, aux références culturelles communes, à identifier pour mieux interpréter ensemble.
- Cette première étape a pour conséquence immédiate la prise en compte des enjeux divers : objectifs opérationnels d'action territoriale, influcnce des politiques locales, pérennisation des activités (donc des structures, des emplois...), justification de l'utilisation de fonds privés et publics... Ces enjeux, institutionnels comme individuels, ne sont pas tous influents à part égale selon le moment de l'énonciation (lié au contexte temporel mais aussi spatial, culturel, relationnel etc.). En identifier l'importance dans ces contextes est donc un élément déterminant de la qualité de la communication.
- La conception et la concrétisation des objectifs et intentions de communication conduisent alors à une conscientisation pragmatique de « ce que l'on veut dire » réellement. Poser ces réflexions « noir sur blanc » et les confronter ensuite aux publics et enjeux identifiés permet de participer ainsi à l'élaboration d'un plan de

communication incluant des étapes différentes, dans le temps, les lieux, et les relations possibles avec les récepteurs — destinataires.

- Cette approche communicationnelle participe en grande partie à la fonction primordiale de transmission et de formation, ce qui, avec l'action, élabore collectivement une culture. Les objectifs de communication tiennent compte dans ce cadre du fait que tout acte de communication en Intelligence Territoriale comporte intrinsèquement une part de transposition didactique, liée à l'innovation de l'approche systémique du territoire et de ses composantes. Les méthodes et outils utilisés demandent également des prérequis au risque d'être inintelligibles, donc de provoquer une réaction de rejet… Ces analyses permettent justement d'identifier ce qu'il convient d'éclaircir ou non, et surtout la manière de mettre en relation des individus avec ces savoirs.
- On peut alors approfondir les horizons d'attente (Jauss, 1978 ; Iser, 1985) possibles : quels seront ceux qui seront activés par ces acteurs de la réception, comment modifient-ils l'angle d'approche communicationnelle, quelles décisions prendre avant de réaliser concrètement les objets et instances de communication ?
- La production de la relation peut utilement reposer sur la construction de réseaux de signification, des *isotopies*, dans un premier objectif communicationnel : le sens se construit progressivement au cours du processus, par redondance significative d'unités renvoyant à une même représentation, dénotée, connotée, ou symbolique. Également dans un objectif de consolidation du réseau humain, en démontrant par cette construction des significations que les publics partagent réellement les mêmes contextes culturels et relationnels, car ils en comprennent les mêmes composantes selon les mêmes schémas cognitifs.

La production de la relation se co-construit alors entre acteurs de l'émission et de la réception mettant ainsi en évidence dans la **reliance** obtenue (selon la définition de Bolle de Bal, 1981) la réalité d'une communauté de projet, condition forte de l'appropriation de la démarche.

Consommation des deux dimensions

Tout l'enjeu de la communication se concrétise dans les usages qui en sont fait, dans la consommation des deux dimensions du sens produit et de la relation créée. Les usages de l'information produite recouvrent, selon ce qui a été dit plus haut, plusieurs processus emboîtés, chacun ajoutant par définition une nouvelle valeur à l'objet transformé :

- **Des faits aux données** : le processus d'observation organisé selon la méthode Catalyse, instrumentalisé par les outils qui la composent, est conduit par les acteurs réunis dans un groupe opérationnel, dès l'étape dite de conception. Il s'agit donc d'un processus interne à ce groupe d'acteurs, qui est également une démarche de formation croisée, où acteurs et accompagnateurs (experts, universitaires, acteurs expérimentés) échangent des connaissances sur les territoires et les humains. La matière première (les faits observables) est composée d'humains en grande partie, de services et d'actions territoriales, d'activités économiques, de loisirs… de tout ce qui compose la vie sur un territoire donné. Il ne suffit pas de regarder un incendie pour produire un sens à partir de ce que l'on voit ; un premier processus informationnel doit en extraire une donnée la plus informe possible au sens de Perriault (2003) par un encodage sémiologique permettant à partir d'un référent d'en déduire un signifié valide, puis un signifiant acceptable et utilisable. Une partie du sens de l'information est déjà produite par ce processus, mais nous n'avons pas encore d'information dans la mesure où la donnée est encore sans forme réelle.

- **Des données aux informations** : cette formalisation va être atteinte par la structuration d'un questionnaire et par l'organisation pratique de la collecte des données. La nécessité pragmatique d'obtenir des indicateurs d'aide à la décision pour agir sur les territoires avec les citoyens oblige à élaborer un consensus sur le processus de création du sens, validé par l'évaluation des informations produites qui prouvent qu'elles sont utilisables dans la méthode Catalyse.

- **Du traitement des informations aux connaissances** : la plupart des informations produites à partir des données initiales donnent lieu à leur tour à de nouveaux traitements, quantitatifs et qualitatifs, dans l'optique de générer de nouvelles connaissances. Chaque descripteur peut être quantitativement exploité et produira un tableau de chiffres (les fréquences) avec les pourcentages calculés sur la totalité de la population et sur la totalité des réponses données. Ce tableau peut s'agrémenter d'un graphique. Ces résultats seront alors interprétés et commentés. À partir des informations existantes, des tris croisés sont réalisés (le plus connu d'entre eux étant la pyramide des âges par exemple), des codages et recodages vont créer des variables de synthèse (classes d'âge à partir de dates de naissance par exemple), etc. autant de cas où une nouvelle information est créée à partir d'informations construites. D'autres exploitations ont également lieu : qualitativement, l'analyse dite des données en statistique (on devrait dire des informations en fait) fait intervenir l'analyse factorielle des correspondances (AFC) et la classification ascendante hiérarchique (CAH) : la production du sens continue en explorant les informations premières. Enfin, les résultats de ces traitements sont commentés et interprétés, confrontés avec les ressources et indicateurs contextuels territoriaux, autant d'actes créant ainsi de nouvelles informations.

- Des usages dits de « second cercle » constituent les interprétations des résultats obtenus. Interviennent ici les notions de références personnelles et structurelles (filtres), des cultures professionnelles, tout un schéma mental qui va guider ces interprétations. L'objectif est alors d'aboutir à la mise en place d'ateliers thématiques, qui à leur tour décideront de projets concrets d'actions.

L'objectif initial est articulé autour de l'amélioration de l'accompagnement des projets individuels, par une action territoriale réticulée. L'aspect relationnel est ici mis au service de l'action ; un pari initial régulièrement gagné est d'améliorer la reliance afin de garantir également le processus informationnel. L'expérience prouve en effet que la prise en compte par les acteurs sociaux de la communication influe fortement sur la manière de construire les informations, et de les communiquer. Une démarche didactique du « faire en action » est souvent plus efficace pour une construction autonome des savoirs. C'est une étape où la communication joue le rôle de « glue relationnelle » (Bougnoux, 2001) et d'accompagnement au changement, en bâtissant une intelligence collective au niveau territorial.

Conclusion

D'un point de vue qui s'attache aux processus de communication, une telle démarche territoriale est complexe dans la mesure où elle renferme en son sein une multitude de faits de communication et d'information. Il est dès lors indispensable, de notre point de vue, que les divers **acteurs** intervenant dans ces étapes soient **auteurs** de l'approche systémique de la communication, vue comme un processus interactif.

Un plan de communication spécifique (loin du marketing et de la communication externe) est donc à mettre en place, intégrant à la fois les divers moments et niveaux de communication (interne, interne élargi, financeurs et grand public), dans une visée de *consommation* (d'usage) des deux dimensions informationnelle et communicationnelle. L'usage de la méthode et des résultats est en effet au cœur du processus, et va conditionner le passage d'une étape à l'autre : il s'agira ici d'évaluer chaque instance de communication afin de rééquilibrer les phases suivantes, autant du point de vue du traitement des données que de leur cristallisation culturelle.

Bibliographie

BOLLE DE BAL, M., « La reliance : connexions et sens », *Connexions*, n°33, p. 9-36, 1981.

BOUGNOUX, D., *Introduction aux sciences de la communication*, Paris, La Découverte, coll. « Repères », 2001.

CHEVALLARD Y., 1985, *La transposition didactique du savoir savant au savoir enseigné*, Grenoble, La Pensée Sauvage.

DACHEUX, É., « Un nouveau regard sur l'espace public et la crise démocratique », *Hermès*, n° 36, 2003, p. 195-204.

Olivier Galibert, Francis Aubert, Mohamed Hilal, Jean-Jacques Girardot, Cyril Masselot, et al. (2015). Territoires urbains en transition. Monographie d'un quartier populaire en résilience écologique, Editions Universitaires de Dijon, décembre 2015. Editions universitaires de Dijon, http://eud.u-bourgogne.fr/468-territoires-urbains-entransition-9782364411562.html, 2015, Sociétés, ISBN 978-2-36441-156-2. <http://eud.u-bourgogne.fr/>. <halshs-01251061>

GIRARDOT, J.-J., MASSELOT, C., OGGERO, C., BOZZANO, H., (2016). El metodo Catalyse, Applicación en el territorio del departamento de Lavalleja, Uruguay. Chapitre 7 In "Transformaciones Territoriales y Processos de Intervención en la Regón Rioplatense", dir. Bozzano H et Velarde I.Universidad Naciona del La Plata, Argentine,ed. Imago Mundi, pp 97-115. ISBN 978-950-793-228-1.

GIRARDOT, J.-J., MASSELOT, C., (2012). El metodo Catalyse. In "Inteligencia Territorial : teoría, métodos e iniciativas en Europa y América Latina". Edulp, La Plata, Argentine, 176-181. ISBN 978-987-595-158-7.

HERBAUX P., 2007, *Intelligence territoriale : Repères théoriques*, Éd. L'Harmattan, 198 p.

HERBAUX P., MASSELOT C., 2008. "Territorial Intelligence and Governance". in: Acts of International Conference of Territorial Intelligence, HUELVA (Spain), 24-27 October 2007. <URL: http://www.territorial-intelligence.eu/index.php/huelva07/Herbaux>

HOPKINS R., 2011, « Manuel de Transition, de la dépendance au pétrole à la résilience locale, 2010, éditions écosiété et revue Silence (The Transition Handbook, 2009, ISBN 978-2-923165-66-0

ISER, W., *Der Akt des Lesens*, (trad. E. Sznycer), Liège, Pierre Mardaga Éditeur, coll. « Philosophie et Langage »,1985.

JAUSS, H. R., *Pour une esthétique de la réception*, Paris, Gallimard, 1978.

MASSELOT C. (2017). Temps, culture et communication au prisme de l'Intelligence Territoriale. *Les Cahiers de la SFSIC*, Société française des sciences de l'information et de la communication, 2017, pp. 51 à 61. ⟨www.sfsic.org⟩. ⟨halshs-01520746⟩

CANEVARI, T. & MASSELOT, C. (2017). « Application of Territorii and Catalyse methods in the diagnosis of social and environmental problems in two areas of Gran La Plata for the construction of scientific agendas of transformation ». Revue Arquetipo de l'Université Catholique de Pereira, Colombie. ISSN: 2215-9444. http://biblioteca.ucp.edu.co/OJS/index.php/arquetipo

MASSELOT, C. & DJAHANCHAHI, S. (2016). « Données territoriales en ESS : entre usages et co-construction ». XVème Conférence Internationale International Network of Territorial Intelligence (INTI), Charleroi et Liège, Région Wallonne, Belgique, Novembre 2016. http://halshs.archives-ouvertes.fr/INTI/fr/

MASSELOT, C., BAULARD, F, & FIGARD, M. (2016). « Expérimentation PRIMO : étude-action sur la dynamique de création d'entreprises nouvelles et d'emplois dans l'ESS ». XVème Conférence Internationale International Network of Territorial Intelligence (INTI), Charleroi et Liège, Région Wallonne, Belgique, Novembre 2016. http://halshs.archives-ouvertes.fr/INTI/fr/

MASSELOT C., 2012. "Le Net communautaire : quand la relation fait sens", in Semiotica, dossier "Vers une sémiotique du médium", Volume 2012, Issue 191, Pages 49–73, ISSN (Online) 1613-3692, ISSN (Print) 0037-1998, DOI: 10.1515/sem-2012-0055, September 2012, disponible en ligne :

http://www.degruyter.com/view/j/sem.2012.2012.issue-191/sem-2012-0055/sem-2012-0055.xml?format=INT

MASSELOT C., 2009. "*Information, communication, and territorial intelligence : new challenges*", in Acts of International Conference of Territorial Intelligence, Salerno (Italy), 2009.

MASSELOT C., 2009. Territorial Intelligence Communicational and Community System (TICCS). Res-Ricerca e Sviluppo per le politiche sociali, 1-2/2009. Pp. 90-104. ISSN: 1970-9080

PERRIAULT, J., *Éducation et Nouvelles Technologies, Théorie et pratiques*, Paris, Nathan Université, coll. « Éducation 128 », 2003.

RIFKIN, J., *La troisième révolution industrielle. Comment le pouvoir latéral va transformer l'énergie, l'économie et le monde*, Paris, Les liens qui libèrent, 2011.

RIFKIN, J., Une nouvelle conscience pour un monde en crise (Babel). Vers une civilisation de l'empathie, Arles, Actes Sud, 2012.

Territoires et terroirs

Laurent Bister,
Conseil en stratégie et en organisation dans le domaine des technologies et services numériques, intervenant auprès des collectivités territoriales

Ancien maire d'une commune d'Eure-et-Loir

Les territoires, qui désignaient autrefois une zone géographique ayant des caractéristiques physiques ou culturelles homogènes, sont devenus un concept pour désigner le plus souvent des zones rurales ayant une identité propre.

Cette identité des zones rurales les distingue des zones urbaines dans l'opposition entre les villes et les campagnes et permet aussi aux zones rurales de se distinguer entre elles. Un territoire est ainsi une zone géographique déterminée par un groupe social ayant une identité particulière, une histoire commune, des pratiques partagées et des productions locales ; ou tentent de le faire croire. Les territoires sont constitués de structures administratives, ayant pour certaines une existence constitutionnelle (art. 72 de la Constitution) appelées « Collectivités Territoriales », mais aussi de groupes sociaux privés, associatifs ou commerciaux, qui défendent une unité culturelle ou économique dans une zone géographique qu'ils ont eux-mêmes déterminée.

Beaucoup de territoires ayant un caractère artificiel ou abstrait rendant difficile leur identification par la population, on associe de plus en plus aux territoires un terroir afin donner une plus grande une légitimité et une histoire à un territoire. Ainsi, le territoire se forge une identité sur celle du terroir et devient plus concret par la production de son sol que l'on décline ensuite en produits puis en services localisés. Enfin, le terroir devient une communauté culturelle se fondant avec le territoire.

Le terroir est, selon l'Unesco, « un espace géographique délimité défini à partir d'une communauté humaine qui construit au cours de son histoire un ensemble de traits culturels distinctifs, de savoirs, et de pratiques fondés sur un système d'interactions entre le milieu naturel et les facteurs humains. Les savoir-faire mis en jeu révèlent une originalité, confèrent une typicité et permettent une reconnaissance pour les produits ou services originaires de cet espace, et donc pour les hommes qui y vivent. Les terroirs sont des espaces vivants et innovants qui ne peuvent être assimilés à la seule tradition. »

Dans les zones rurales, « à la campagne » comme on dit à la ville, les anciennes familles traditionnelles, souvent implantées depuis plusieurs siècles, constituent ou tentent de constituer le creuset du territoire en revendiquant une identité culturelle à préserver. Cette notion de « vieille famille » du territoire est largement sujette à désaccords sur l'ancienneté et la légitimité des familles entre elles. On entend ainsi des discussions parfois houleuses : » Ma famille est implantée dans le village depuis 9 générations, la vôtre n'est là que depuis 7. », « Mais depuis combien de générations, il y a un membre de sa famille dans le village sans discontinuer ? ». Certaines remises en cause de la légitimité des familles peuvent aussi, encore aujourd'hui, s'exprimer par « La doyenne du village n'est pas d'ici, elle a épousé un agriculteur du village après-guerre. C'est à lui la ferme », en parlant d'une exploitante agricole de 92 ans et de son mari agriculteur décédé depuis plus de 20 ans. Les « nouveaux » sur le territoire sont régulièrement confrontés à des questions du style « Vous êtes nouveau ici, je ne vous connais pas ? Ah, ça fait 40 ans que vous vivez là, mais je ne passe jamais devant chez vous, c'est pas mon chemin. » ou des remarques du genre « La famille XXX n'est pas d'ici, le père n'est même pas né ici, il est arrivé avec ses parents il y a 50 ans ». On voit que l'ancienneté d'implantation est encore considérée par ces familles comme le fondement de la légitimité dont doivent découler l'autorité sur les décisions et les pratiques sur le territoire.

À l'opposé, les nouveaux venus, souvent des habitants de la ville venus chercher la tranquillité et la vie « naturelle » à la campagne, cherchent au travers du terroir à s'approprier une histoire pour pallier, peut-être, celle qu'ils n'ont pu se créer en ville. Ils sont attachés à découvrir le passé du territoire sur lequel ils arrivent, ressortir les vieilles histoires locales au risque de faire ressurgir les conflits entre « vieilles familles » des générations précédentes. Paradoxalement, ces « rurbains » cherchent en même temps à modeler le territoire pour recréer l'environnement urbain et ses services, auxquels ils sont habitués tout en donnant une apparence « campagnarde » aux territoires ruraux, digne des images d'Épinal. C'est ainsi qu'on a vu pousser dans les villages de France à la fois les aires de jeux pour enfants, les fleurs en pot sur les places et dans les rues et les ralentisseurs à l'entrée de tous les villages, comme une nouvelle fortification contre l'envahisseur en voiture qui « roule trop vite » quelle que soit sa vitesse mesurée, que se pose régulièrement la question de l'interdiction pour les animaux de faire du bruit la nuit, quand ce n'est pas celle du bannissement des engins agricoles qui salissent et font du bruit ou de la transformation de l'église en salle des fêtes.

Dans la vie rurale, le terroir, la nature et les traditions rassurent les rurbains stressés par la ville, mais la nécessité pour eux de faire par eux-mêmes ce que la collectivité ou des services privés faisaient pour eux en ville les inquiète. Ils cherchent donc sans cesse à se rassurer par la conjonction d'une tradition du terroir et de services de plus en plus nombreux, parfois disproportionnés avec les besoins ou les moyens des habitants.

Face à ces populations qui ont des approches contradictoires du territoire, les unes fondées sur l'ancienneté d'implantation et l'évolution lente des pratiques, l'autre qui cherche à s'approprier un passé qui n'est pas le leur et transformer brutalement les pratiques ancestrales, les élus de ces territoires doivent concilier ces approches pour permettre une vie commune la plus harmonieuse possible. À cela s'ajoutent les réformes territoriales qui ont créé de toutes pièces des entités territoriales sans fondement par agglomération de communes qui étaient, jusqu'alors, le seul repère fiable et stable depuis un millénaire et parfois plus.

Les nouvelles entités territoriales, urbaines ou rurales, sont les métropoles, agglomérations, communautés de communes, pays et autres syndicats regroupant des collectivités pour l'exercice de compétences ad hoc. Ces entités n'ont aucun sens pour les habitants, ni aucune identité. Elles ne correspondent souvent à aucun groupe social, ni aucun territoire au sens où nous l'avons défini. Ce sont des amalgames administratifs souvent créés pour simplifier le fonctionnement de certaines administrations ou satisfaire des intérêts partisans. Pour exister aux yeux des habitants et pour se créer une identité nécessaire à la menée de politiques locales comprises, reconnues et efficaces, ces entités tentent de valoriser leur territoire artificiel au travers de terroirs existants de longue date ou, pour les plus audacieuses, de créer un terroir imaginaire et l'histoire qui va avec.

La première tâche de ces territoires administratifs est de se donner un nom. Ce nom est souvent choisi dans les caractéristiques géographiques ou culturelles (nom de rivière, de forêts ou de plaine, ancien nom de peuple, ancien nom de ville, ancien nom de province) faisant ainsi référence à un lieu, un passé, une tradition connus. C'est à ce moment que les premiers déchirements entre élus pour le choix du nom révèlent l'absence de groupe social constitué et d'*affectio societatis.*

On constate qu'un grand nombre de collectivités territoriales cherchent à donner à leur territoire une existence au travers des produits locaux, production locale ou transformation locale traditionnelle, et du patrimoine culturel : sites, monuments, personnages historiques, personnages de fiction ayant été localisés sur le territoire (James Bond, Thierry La Fronde, etc.). Les politiques de marques locales pour la distribution des produits locaux en circuits cours (bières et cidres, charcuteries traditionnelles, fruits et légumes, chips, biscuiterie, confitures, jus et colas, etc.) connaît un véritable succès, tant auprès des producteurs et des transformateurs que des consommateurs du territoire qui sont prêts à acheter chez un commerçant près de chez eux un produit local entre 1,5 et 10 fois plus cher qu'un produit industriel d'origine inconnue ou lointaine en grande surface. Le gain pour l'économie locale est essentiel. Il permet l'amélioration de la marge de la chaîne de production, transformation, distribution. Rappelons que la marge des producteurs avec les circuits de transformation et distribution industriels est trop souvent négative. L'augmentation de la marge et l'activité économique locale améliorent aussi les finances des collectivités territoriales qui voient les recettes fiscales augmenter par un développement de la production, de la transformation et des services associés à une consommation locale (distribution, restauration, services à domicile, etc.).

La communication des collectivités territoriales, comme celle des entreprises de production, de transformation ou de services locales, s'appuie de plus en plus sur l'image du territoire et du terroir. Le développement de la communication électronique, sites web et commerce en ligne, a donné un nouvel espace à cette pratique marketing nouvelle. Au travers de la communication électronique et d'Internet, les territoires qui avaient fait la promotion de leurs activités pour les habitants se sont aperçus qu'ils pouvaient toucher une autre cible très sensible à l'image de leur territoire : clients lointains, touristes, entreprises en quête de valeurs ou d'image pour s'implanter, habitants en recherche d'un lieu chargé d'histoire pour déménager. C'est ainsi que des producteurs locaux distribués en circuits courts et par Internet ont commencé à voir se développer une clientèle dans toute la France, en Europe ou même en Chine et sont devenus, sur la base de valorisation de leur territoire, des exportateurs. Des communautés de communes et des petites villes ont découvert que leur patrimoine méconnu avait la capacité à attirer les touristes de passage qui ignoraient jusque-là les richesses historiques qu'ils côtoyaient dans leur périple. Des entreprises célèbres, qui autrefois localisaient leurs centres de production ou de services dans des pays à bas coût de main-d'oeuvre, cherchent maintenant des territoires ayant une image qui valorise la leur.

Les marketeurs ont bien compris le phénomène et se le sont approprié pour en profiter, parfois jusqu'au dévoiement. Combien de « grandes marques «ont inventé des territoires ou des terroirs fictifs, mélanges de plusieurs traditions, pour promouvoir leurs produits. C'est ce que les spécialistes du marketing appellent le « story telling » qui consiste à raconter une histoire qui met en scène le produit ou le service. Quand cette histoire repose sur un territoire, une tradition ou un terroir reconnu, cela donne une authenticité au produit, une véracité à ses caractéristiques et un gage de qualité reconnus et appréciés par les consommateurs. Quand l'histoire n'existe pas, il suffit de l'inventer... Quand le territoire n'est pas porteur des bonnes caractéristiques attendues par le consommateur, il suffit d'inventer un territoire fictif qui renverra au consommateur ce qu'il attend sans la part de réalité qu'il refuse. La publicité pour les yaourts La Laitière est caricaturale de l'Histoire idéalisée et modernisée se voulant relever des traditions du terroir tel que le véhicule l'imaginaire populaire.

La promotion des territoires, la concurrence entre eux qui s'exacerbe, la recherche permanente de la différence avec le territoire voisin pour exister et s'en différencier ne risquent-elles pas à long terme de remettre en question la notion de Nation au profit d'une adversité de voisinage et d'une recherche éternelle d'une vie idéalisée telle que l'ont connu nos ancêtres au Moyen-Âge ?

Les Villes Internet
Vecteur de Démocratie

Florence Durand-Tornare,
Fondatrice de l'association Villes Internet

Dans les périodes de crise de civilisation, l'innovation s'immisce comme une solution magique dans les mentalités, une porte de sortie pour des désorganisations souvent violentes. Ces innovations, filles de la pensée humaine en désespérance, orientent les civilisations. De l'imprimerie au nucléaire en passant par les moteurs, elles produisent des objets d'abord étranges : livres, voitures et fusées, médicaments, téléphones, télévisions,... Le Siècle des Lumières n'est qu'une étape dans une longue série d'échecs d'où surgissent ces objets, outils susceptibles de rendre la vie supportable et surtout de distraire de la mort. Au risque d'inventer le transhumanisme !

Avec ces outils naissent des langages, des jargons, et des pouvoirs. On cherche des mots à commencer par des qualificatifs qui marquent la nouveauté. Ils ajoutent une dimension « futuriste » à des terminologies anciennes. : par exemple «Nouvelles technologies de l'information et de la communication (NTIC) » issues de l'invention du « web » aux États-Unis. Dans les années 1990, tous les informaticiens des grandes organisations se sont saisis de ce qu'on aurait pu appeler en France « la toile mondiale ». L'internet, le réseau informatique mondial, se diffuse dans les universités comme outil d'un vaste réseau humain international. Les États y voient le moyen d'assurer leur défense en se protégeant des technologies par la connaissance et celui de leur stabilité : un nouvel instrument de « pouvoir gouverner ». Les entreprises et les industries engagent des processus numérisés, pour une croissance économique accélérée. Des entreprises innovantes, souvent fondées sur la créativité de jeunes étudiants, démarrent avant toute production par des levées de fonds d'investissement qui spéculent sur leur valeur future

Dans ce maelström l'Association des Villes Internet est un épiphénomène issu de la mise en question que nécessite la rationalisation de ce phénomène « numérique » toujours en éruption. Elle est née à peu près avec l'expression des crises démographiques et financières, et des « Trois écologies » décrites par Felix Guattari : mentale, sociale et environnementale il y a une vingtaine d'années ;

Les fondateurs de l'Association ont voulu un espace critique, une boussole parmi d'autres pour ceux qui agissent collectivement en France. (maires ,conseillers généraux)avec l'objectif que les décideurs fondent les « réseaux numériques » sur des réseaux humains conscients et responsables, sans les manipuler.

Trouver des solutions techniques dans un climat d'urgence environnemental et sociale, impose une forte volonté politique pour choisir. Or avec le tsunami numérique est venue l'incertitude politique : quelle vérité pour quels journalistes ? Quelles connaissances pour quels élèves ? Quels bâtiments pour s'ouvrir au monde ? Quels apprentissages pour matérialiser les services ? Comment récupérer les données qu'on donne ?

Le principe fondateur du réseau Villes Internet est d'observer avec un esprit critique l'impact sociétal de la « révolution du numérique » , et la rattacher aux réalités du quotidien des citoyens. Les composantes de « la Ville Internet » sont d'un point de vue géographique, donc topographique et sociologique, au croisement des aires et des espèces. Elles sont vivantes et matérielles. La politique est leur étymologie (polis : la cité), la

République, leur père et leur mère : pour des citoyens libres, autonomes et égaux devant l'innovation qui métamorphose leur vie.

Cette échelle a l'avantage d'être... télescopique. Les villes, au sens administratif d'une agglomération d'au moins 2 000 habitants, et leurs composantes, s'emboîtent et coulissent les unes dans les autres. Métropoles, villages... coopération intercommunales, coopérations internationales... électeurs et élus... quartiers sensibles et zones commerciales... enseignants et familles... agents territoriaux et responsables associatifs : ce tissu est bien le miroir nécessaire de l'interdépendance des réseaux numériques et des réseaux humains. Le rapport au ministre des Affaires Étrangères porté par Akim Oural, élu de la Métropole Européenne de Lille, et dirigé par Emmanuel Eveno, géographe et président de l'Association Villes internet, le démontre bien.

Les territoires qui se présentent dans l'Atlaas des Villes Internet sont ceux où on creuse des tranchées pour les câbles, sous les océans et dans la rue, où sont plantés des pylônes dans la campagne. Ces terres sont celles où on extrait les minerais rares indispensables pour les aimants des portables, et où on revient les enterrer avec les autres débris de carte mère et d'écrans. Ce parfois à l'autre bout d'un monde qui est de plus en plus près du nôtre !

Face à ces risques, les Villes Internet témoignent au-delà de la consommation simplifiée des biens industriels, des atouts d'une administration publique capable de donner accès égal aux droits, à l'emploi, à la santé, à l'éducation. Des droits et des démarches accessibles à tout moment, à distance, dans des conditions de fluidité jamais atteintes.

Elles montrent comment, avec ces outils, leurs élus se mettent au service de l'intérêt général, et font vivre la démocratie. Avec eux les citoyens animent à distance des tables rondes, engagent des débats d'idées sur des fils de discussion, évaluent les projets locaux avec des curseurs imagés. Ils votent dans un budget participatif pour tel ou tel projet urbain. Ils contribuent activement au registre dématérialisé des enquêtes publiques. Ils suivent les travaux et la mise en œuvre de leur contribution à l'urbanisme et aux transports.

En travaillant avec des universitaires , les membres de l'Association Villes Internet contribuent à un mode actif d'observation durable d'un « terrain » peu stable, car en « innovation » et en « expérimentation » d'où une méthodologie à inventer.

En 2019 le label, Territoires, Villes et Villages Internet, outil de cette observation, aura 20 ans. Les panneaux d'entrée de ville se multiplient aux côtés de ceux des Villes fleuries, un doublé signifiant pour les élus et leurs administrés. En s'appropriant ce label, les élus et agents territoriaux en ont fait une méthode de diagnostic des services numériques qu'ils rendent à la population. Ils se comparent de pairs à pairs et ils contribuent à améliorer les services de l'État en travaillant localement avec eux. L'association vit des cotisations de ses membres et est soutenue par le monde mutualiste (MNT et BFM). Avec 450 villes françaises adhérentes et plus de 8 000 décideurs locaux en relation sur sa plateforme, elle est une association d'élus unique en son genre en Europe.

Ces réseaux numériques planétaires bouleversent les sociétés et planent comme un monde virtuel au-dessus de 4 milliards de terriens connectés et de 7 milliards d'émerveillés par le potentiel de développement. Pourtant la généralisation des outils est inhérente à la viabilité d'un réseau qui ne vit que par le nombre de ses utilisateurs, les risques sont à mesurer, le temps doit être un allié pas un danger. Avec des racines profondément anglo-saxonnes, le « numérique » produit une compétition dans laquelle les services publics à la française ne doivent pas risquer leur âme républicaine. Avec leur réseau Villes Internet ils montrent l'exemple de la lutte contre l'exclusion par le numérique comme ils l'ont fait pour la lutte contre l'exclusion sociale.

Certains voient les territoires politiques comme des marchés et ils annoncent la fin des État-nations.

Les villes françaises, alliées à des villes européennes, africaines, ou d'Amérique latine, montrent comment elles dissipent ces manipulations idéologiques et commerciales.

Ainsi, l'ancrage territorial, les relations démocratiques d'information et de décision, grâce à l'internet, connaissent-ils un retour à l'existence, au profit d'un humanisme retrouvé.

Bibliographie

Felix Guattari, *Les trois écologies*, Editions Galilée 1989

Conclusion

Et dans l'actualité contemporaine, la Revue Futuribles organise des formations de Prospective Territoriale comme « Pour quoi faire ? Comment faire ? » les 21 et 22 juin 2018 :

« Les territoires sont confrontés à des transformations majeures telles que la révolution numérique, l'affirmation d'une économie servicielle, le changement climatique et la transition énergétique ou encore l'évolution permanente des modes de vie. Mais les différents territoires ne sont pas impactés de la même manière par ces phénomènes et tous conservent de véritables marges de manœuvre pour construire l'avenir.

Face à ces mutations, les ressources endogènes des territoires s'avèrent plus que jamais essentielles, à commencer par l'aptitude des acteurs locaux à se mobiliser autour de projets partagés. La prospective territoriale constitue un puissant catalyseur de ces démarches collectives, en apportant des clefs de compréhension sur les « futurs possibles » des territoires et en permettant aux acteurs locaux de se mobiliser autour d'une vision collective et d'une stratégie concertée.

L'objet de cette session est de former les participants aux méthodes et pratiques de la prospective territoriale : les séquences et étapes clefs d'une démarche, les méthodes et techniques existantes, les différents types de démarches — exploratoire ou stratégique, en petit comité ou participative, sur une période donnée ou sous la forme d'un processus permanent… La prospective territoriale. »

L'interrogation qui traverse ces contributions est contemporaine et cependant d'une actualité immédiate.

Sans tomber dans le travers idéologique des prétendues « révolutions technologiques », il convient d'observer de nombreux changements, dans les modes de consommation, de travail, de loisirs, non seulement dans le monde occidental, mais plus encore en d'autres continents

Cette mondialisation détrône les habitudes séculaires, les rites culturels, les références traditionnelles qui ont forgé, au cours des siècles, l'identité de chaque peuple, installé dans un territoire non seulement géographique, mais aussi culturel. Pierre Bourdieu (1979) montrait qu'au sein de la ville de Paris, le vêtement, la cuisine, les loisirs, la prononciation différaient d'un quartier à l'autre « selon des stratégies de distinction ».

Avec l'essor des téléphones portables et des réseaux sociaux, les rapports de « domination » subsistent, mais se déplacent. Chaque génération tend à marquer son originalité, ses goûts, sa musique, par-delà les frontières régionales ou nationales. Les repères identitaires traditionnels avec une connivence interne de rigueur tels les Bretons, les Corses, les Basques se trouvent ainsi bousculés, voire relégués ; pour autant, les populations rurales refusent le statut d'« attardés », les habitants des quartiers périphériques se dotent d'une légitimité. Les mutations citées ci -dessus vont elles dans le sens d'un affranchissement ?

C'est ce que montrent les textes de la deuxième partie, revendications identitaires modernes, en trois régions du monde.

Auparavant, dans la première partie transparaît la difficulté, la crainte parfois, des effets de la mondialisation ; car l'homme robotisé risque de perdre son âme, Les chercheurs observent un retour au sensoriel, à l'historique, au singulier ; les marques de luxe ne s'y trompent pas, s'appuyant sur ce mouvement de repli pour susciter l'envie de consommer « différemment ». Donc le très ancien, l'original, acquiert un regain d'intérêt sociétal et marchand.

Sur le plan des institutions, ce mouvement vers des valeurs refuges pourrait n'être que négatif. L'intérêt pour la communication territoriale remonte à près de trente ans sous la direction d'un économiste, Jean-Jacques Girardot (Université de Franche-Comté). Cyril Masselot en rend largement compte des travaux et des méthodes. Indépendamment, mais avec le même recul historique, l'association Villes internet fondée par F Durand-Tornare œuvre au sein des collectivités pour des actions concertées démocratiques. Un rapport vient d'être remis au ministre Le Drian pour un modèle français des villes intelligentes, en juin 2018. Par ailleurs des acteurs locaux observent et accompagnent les changements « venus de la base », pour que l'identité préservée s'appuie sur les avantages technologiques, sans conflit.

Cet ouvrage relate une histoire en cours de développement : dans une dimension pluridisciplinaire, sur des territoires bien distincts, dans le désir d'éclairer les difficultés, de souligner les progrès accomplis, en vue d'une coopération et non pas de domination plus ou moins dissimulée.

Nos remerciements aux chercheurs et acteurs, contributeurs dispersés géographiquement, mais unis par cette aspiration commune pour une identité co-construite et non pas imposée. Notre gratitude va aussi aux petites mains typographiques souvent peu rémunérées qui ont permis la « mise aux normes » éditoriales de ce travail collectif. Nommons entre autres, Didier Carre, Amal Nader, Ismael Benali, et Michel Laulan.

Notre gratitude va aussi aux éditions L'Harmattan, au directeur de collection Nicolas Pelissier : ils ont accueilli un projet non institutionnel, sans label protecteur, sans financement préalable.

Souhaitons que cet effort collectif, venu de l'Institut des Sciences de la Communication du CNRS connaisse le succès dû à tant d'audace, en notre monde bureaucratisé.

Anne Marie Laulan

À l'origine de trois des chapitres, les travaux au CNRS d'Anne-Marie Laulan en 2012, *Liens et Lieux : Tension paradoxale* (Hal 00668976), ceux de Brigitte Munier publié en 2016 dans le numéro 74 (*La Voie des sens*) de la revue Hermès *La sensorialité une communication paradoxale* et l'article de Cyril Masselot publié dans le numéro spécial de décembre 2014 des cahiers de l'administration « L'Intelligence territoriale 25 ans déjà » *Co-construire l'information territoriale.*

Les auteurs

Anne-Marie Laulan est professeure émérite à l'Université Bordeaux Montaigne, membre de l'ISCC, présidente d'honneur de la SFSIC, ancienne responsable du programme international MOST de l'UNESCO.

François Bart, UMR FNSP-CNRS LAM, Université Bordeaux Montaigne.

Alain Bienaymé, Professeur Émérite, Université Paris Dauphine.

Laurent Bister, Conseil en stratégie et en organisation dans le domaine des technologies et services numériques, intervenant auprès des collectivités territoriales. Ancien maire d'une commune d'Eure-et-Loir.

Fathallah Daghmi, Laboratoire Migrinter, CNRS Poitiers.

Florence Durand-Tornare, Fondatrice de l'association Villes Internet.

Damien Ehrhardt, Maître de conférences HDR, Université d'Evry / Université Paris-Saclay.

Jean-Paul Lafrance, PhD, UQAM, Chaire UNESCO-ITEN, Université Paris VIII.

Éric Letonturier, Paris Sorbonne.

Cyril Masselot, Université de Bourgogne Franche-Comté, CIMEOS EA 4177.

Brigitte Munier, Télécom ParisTech.

Olivier Pulvar, Enseignant-chercheur, Université des Antilles.

Table des matières

Structures éditoriales du groupe L'Harmattan

L'Harmattan Italie
Via degli Artisti, 15
10124 Torino
harmattan.italia@gmail.com

L'Harmattan Hongrie
Kossuth l. u. 14-16.
1053 Budapest
harmattan@harmattan.hu

L'Harmattan Sénégal
10 VDN en face Mermoz
BP 45034 Dakar-Fann
senharmattan@gmail.com

L'Harmattan Cameroun
TSINGA/FECAFOOT
BP 11486 Yaoundé
inkoukam@gmail.com

L'Harmattan Burkina Faso
Achille Somé – tengnule@hotmail.fr

L'Harmattan Guinée
Almamya, rue KA 028 OKB Agency
BP 3470 Conakry
harmattanguinee@yahoo.fr

L'Harmattan RDC
185, avenue Nyangwe
Commune de Lingwala – Kinshasa
matangilamusadila@yahoo.fr

L'Harmattan Congo
67, boulevard Denis-Sassou-N'Guesso
BP 2874 Brazzaville
harmattan.congo@yahoo.fr

L'Harmattan Mali
Sirakoro-Meguetana V31
Bamako
syllaka@yahoo.fr

L'Harmattan Togo
Djidjole – Lomé
Maison Amela
face EPP BATOME
ddamela@aol.com

L'Harmattan Côte d'Ivoire
Résidence Karl – Cité des Arts
Abidjan-Cocody
03 BP 1588 Abidjan
espace_harmattan.ci@hotmail.fr

L'Harmattan Algérie
22, rue Moulay-Mohamed
31000 Oran
info2@harmattan-algerie.com

L'Harmattan Maroc
5, rue Ferrane-Kouicha, Talaâ-Elkbira
Chrableyine, Fès-Médine
30000 Fès
harmattan.maroc@gmail.com

Nos librairies en France

Librairie internationale
16, rue des Écoles – 75005 Paris
librairie.internationale@harmattan.fr
01 40 46 79 11
www.librairieharmattan.com

Librairie l'Espace Harmattan
21 bis, rue des Écoles – 75005 Paris
librairie.espace@harmattan.fr
01 43 29 49 42

Lib. sciences humaines & histoire
21, rue des Écoles – 75005 Paris
librairie.sh@harmattan.fr
01 46 34 13 71
www.librairieharmattansh.com

Lib. Méditerranée & Moyen-Orient
7, rue des Carmes – 75005 Paris
librairie.mediterranee@harmattan.fr
01 43 29 71 15

Librairie Le Lucernaire
53, rue Notre-Dame-des-Champs – 75006 Paris
librairie@lucernaire.fr
01 42 22 67 13

www.ingramcontent.com/pod-product-compliance
Lightning Source LLC
LaVergne TN
LVHW021211061026
849535LV00008B/2685
* 9 7 8 2 3 4 3 1 5 4 0 2 2 *